AM ANFANG WAR EIN KNALL.

Faszination Fermentation

INHALT

AUTOR
Marius Alexander HAECKEL
Fermenter und Student
🅞 mariushaeckel

FOTOGRAFIE
Christian KALNBACH &
Marius Alexander HAECKEL
Fotograf & Fermenter

DESIGN & COVER
Marius Alexander HAECKEL
Fermenter und Student

KORREKTORAT
Maya Victoria HAECKEL
Bewegungstherapeutin

PARTNER
Manu KUMAR
MANUTEEFAKTUR ELIXIR GMBH

WILLKOMMEN
————————————————— 02 09

HYGIENE & EQUIPMENT
————————————————— 10 13

LACTOFERMENTATION
————————————————— 14 43

JOGHURTS
————————————————— 44 63

GETRÄNKE
————————————————— 64 93

NACHWORT
————————————————— 94 95

„Mit einem lauten Knall beginnt auch dieses Buch. Was vor Jahrmillionen etwas lauter und größer war, ist diesmal nur ein Bügelverschluss einer Glasflasche. Trotzdem hat sie es in sich! Millionen kleiner Mikroben sind das Ticket für eine spannende Reise in neue Geschmackswelten."

ZU MIR

Willkommen zu Hause. Dem Ort, wo alles entsteht. Hamburg, Anfang März. Während ich mittags in meinem Zimmer sitze, beginnt sich eine Idee zu verfestigen, etwas muss anfangen, etwas Großes muss starten. Ich sehe mich in meinem Zimmer um. Stille, nur die entfernten Geräusche des Hafens sind zu hören. Ich bin glücklich, dass ich in der Nähe der Elbe wohne. Ein Stück Heimat vor der Tür. Das helle Sonnenlicht und die grünen Palmen in meinem Zimmer schaffen eine angenehme Atmosphäre um mich herum. Die Vögel zwitschern friedlich. Ein letztes Mal lese ich meine Nachrichten, bis ich mich dem Schreiben widme.

DER URSPRUNG VIELER DINGE LIEGT OFT IN UNS.

Jetzt mal ehrlich. Ich möchte es nicht wie ein normales Kochbuch machen. Bilder, Rezepte und Tschüss! Anders. Persönlichkeit, Lebendigkeit und Leidenschaft müssen die Texte füttern und nähren. Texte mit Seele? Ich möchte kochen, ich möchte eine Tür zu einer neuen kulinarischen Welt öffnen und das Wichtigste, Freude haben! Weil Genuss und Freude unsere Welt heller und bunter machen. Ich denke, dass man Glück schmecken kann. Eine Freundin hat mir kürzlich von einem Experiment erzählt. In dem Experiment wurden Wasserkristalle unterschiedlichen Stimmungen und Musikstilen ausgesetzt. Wasserkristalle, die unter Stress standen, waren danach entstellt und verzogen. Befanden sich die Wasserkristalle in einer positiven Atmosphäre, konnte man hinterher wundervolle Formationen und Muster erkennen. Viele unserer Lebensmittel bestehen überwiegend aus Wasser. Die Interpretation dieser Tatsache überlasse ich jedem selbst, jedoch bin ich davon überzeugt, dass sich Positives auf das Essen und Trinken überträgt. Ich bin Marius, 24 Jahre alt und im schönen Hamburg geboren und wohne mit kleinen Unterbrechungen schon mein ganzes Leben hier. Ich bin crazy. Crazy? Vielleicht nicht crazy, aber leidenschaftlich in puncto gutem und gesundem Essen! Alles begann während meines Sportstudiums vor ein paar Jahren. Training mit Mitgliedern, für die ich Ernährungspläne schrieb. Sie brauchten Hilfe. Ich konnte die Theorie der Ernährung vermitteln. Aber irgendwann wurde ich mit der Situation konfrontiert als mich ein Klient fragte: „Hey Marius, hast du auch coole gesunde Rezepte zum Kochen?" Ich antwortete voller Selbstvertrauen und Souveränität: „Nein, damit habe ich mich noch nicht näher auseinandergesetzt." Ich hatte nämlich kein Rezept. Ich brauchte eine Lösung. Eine schnelle Lösung! Ich kramte, recherchierte und probierte zum ersten Mal aus. Das Kochen. Das erste Kokos-Curry, die erste Pasta mit Pesto. Die anfänglichen Experimente verwandelten sich später in kleine schöne Kreationen, die sich auf dem Teller sehen ließen. Auf Verbesserung folgte Stolz. Es ging weiter und weiter. Ich erinnere mich noch an eine Situation zu Hause. Ich habe nicht einmal bemerkt, dass ich in die Küche gegangen bin. Plötzlich brutzelte oder backte ich etwas. Es war wie eine unsichtbare Kraft, die mich immer wieder in die Küche zog. Eine Leidenschaft, die nicht aufgehört hat und bis heute anhält. Nach meinem Sportstudium bin ich viel um die Welt gereist und habe zahlreiche kulinarische Eindrücke und Erfahrungen sammeln können. Meine Liebe für das gesunde Essen hat sich im Laufe dieser Zeit nochmal stark verändert und ist weitergewachsen. Besonders die Zeit in Australien hat meine Passion sehr beeinflusst. Ich habe viele kulinarische Einflüsse aufgesaugt, mich durch die besten Marktstände durchprobiert und dann kam das Thema „Fermentation": Es tauchte urplötzlich in meinem Leben auf. Alles begann mit einer kleinen lebendigen Kultur in einer bernsteinfarbenen Flüssigkeit. Es war ein Geschenk zu meinem Geburtstag. Mein Gesicht sprach Bände. Verblüfft, verwundert aber neugierig. Ich wusste erst nicht so recht, was ich damit anfangen sollte, bis man mir erzählte, was es ist. Eine lebendige Kultur, Metamorphose, die ein wundervoll prickelndes Getränk erschafft. Kombucha! Ich hatte viel Freizeit, um es auszuprobieren. Kreativität gedeiht auf Freiheit? Ich begann meine eigenen Getränke zu fermentieren. Leckere Kombuchas, Kefirs und Gingerbeers. Ich fing an mein eigenes Essen wie Kimchis oder Sauerkrauts zu fermentieren. Manchmal auch zum Leidwesen meiner Mitbewohner, da die Gerüche einiger fermentierter Lebensmittel durchaus gewöhnungsbedürftig sind. Ich baute mir sogar eine "Fermentationsstation" in der Küche auf. Auf all den Strandausflügen von Brisbane nach Byron Bay folgten mir die Kombuchas. Was das Bier in der Halbzeit beim Fußball ist, war es der Kombucha nach dem Surfen. Für mich ist nicht nur Kombucha, sondern das gesamte Thema der Fermentation etwas Besonderes. Es lässt mich eintauchen in eine Welt voller Strände, glasklarem Wasser und Wellen, denn dieser Geschmack weckt Emotionen. Ich hatte in Australien eine großartige und wundervolle Zeit, die mich sehr beeinflusst hat. Ja, dieser Ort hat einen großen Einfluss für dieses Buch gehabt und nicht nur Australien, sondern meine Heimat in Hamburg ebenfalls. Hier bin ich geboren. Hier bin ich aufgewachsen und nach meinen Reisen immer wieder zurückgekehrt. Mit diesem Buch und Guide möchte ich einen persönlichen, spannenden und leidenschaftlichen Einstieg in das Thema der Fermentation vermitteln.

WEIL GENUSS UND FREUDE UNSERE WELT
HELLER UND BUNTER MACHEN.

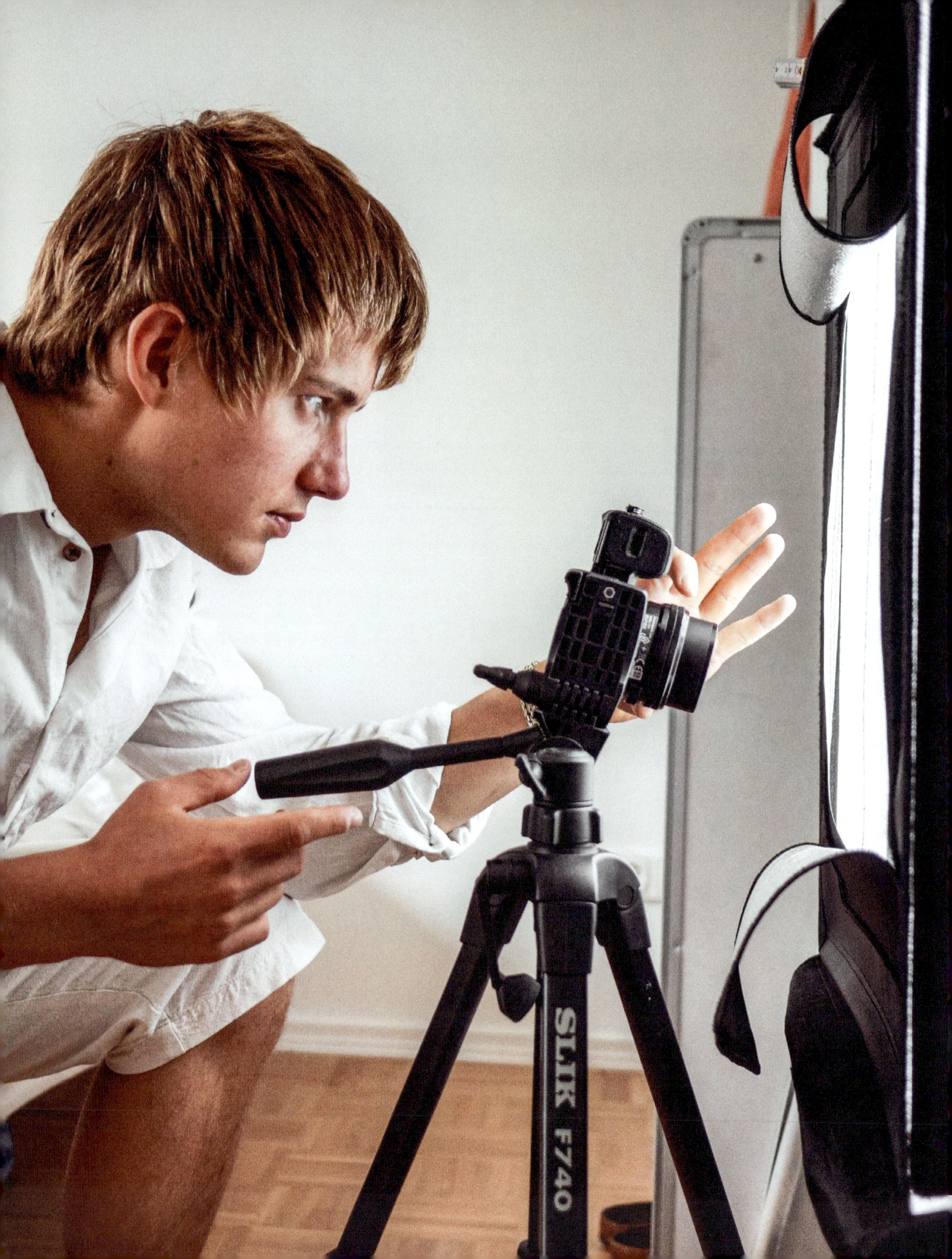
SLIK F740

DAS PROJEKT

Nach der Rückkehr aus dem Ausland und den ersten Experimenten in Australien, wollte ich die große Leidenschaft der Fermentation unbedingt weiterführen. Noch bevor ich den deutschen Boden erreicht hatte, war die erste Kombucha-Kultur bereits bestellt. Ich war fasziniert von diesem Projekt und wollte meine nächste Reise antreten. Die Reise der Fermentation. Ich wollte mehr, immer mehr ausprobieren und neue Geschmäcker entwickeln. Verrückt?

Zu dieser Zeit hatte ich übergangsweise bei meinen Eltern gewohnt und dessen Stauraum ausgereizt. Zu dritt in einem kleinen Reihenhaus kann schon ab und an für eine explosive Stimmung sorgen. Fast so wie ein Kombucha, den man verschlossen im Warmen vergisst. Explosiv! Dazu später mehr. Manchmal standen bis zu fünf große Einmachgläser und Flaschen im Keller. Es blubberte und fermentierte nur so vor sich hin. Ich danke meinen Eltern an dieser Stelle für ihre Toleranz. Den einen oder anderen Kommentar musste ich mir trotzdem anhören lassen. Und vor allem, wer sollte das alles essen und trinken? Das Projekt musste nach draußen erweitert werden. Ich wollte es mit anderen Menschen teilen. Ich schrieb Cafés, Restaurants und sogar Brauereien an. Ich fragte sie, was sie von dem Kombucha hielten. Ich kann mich noch daran erinnern, wie ich den ganzen Tag durch mein Viertel gelaufen bin und meine Passion in unzähligen Gaststätten vorgestellt habe. Das Produkt war durchaus interessant, jedoch fehlte der letzte Wille, es wirklich umzusetzen. Anscheinend war Kombucha und Fermentation ein noch zu unbeschriebenes Blatt in Hamburg, oder in Deutschland? Ich war ein wenig frustriert, denn ich hatte viel Engagement in die Entwicklung von Rezepten und Geschmäckern gelegt. Wie ging es nun weiter?

Einige Tage später, beim Vorbeifahren entdeckte ich eine Pizzeria im Stadtteil Eimsbüttel. Sie gehört einem Bekannten, so viel wusste ich. Ich hatte zufällig ein paar Flaschen Kombucha dabei, die ich in die Firma meines Vaters bringen wollte. Der Ladenbesitzer war früher Mitglied meines Fitnessstudios gewesen. Ich witterte eine Chance und hielt mit einer scharfen Bremsung an. Ich stieg aus dem Wagen und flitzte in den Laden. Mit beiden Händen voller Kombucha stand ich da. Er kam aus der Küche und wir begrüßten uns herzlich. „Womit willst du mich denn vergiften?" Fragte er mich. Nach einem kurzen Small-Talk kamen wir zur Sache und ich ließ ihn probieren. Ich habe mich ein wenig wie in einer der Kochshows gefühlt, wo man als Kandidat auf das Urteil der Fachjury wartet. Es hätte nur noch die dramatische Musik im Hintergrund gefehlt. Langsam wanderte die Flaschenöffnung in Richtung seines Mundes. Ich beobachtete sein Gesicht wie ein Detektiv. Das Gesicht sagt viel aus, denn davon kann man ganz genau schließen, ob es jemandem gut oder nicht gut schmeckt. Er nahm einen Schluck und sein Gesicht verzog sich ein wenig. Ich erschrak. Wieder alles für die Katz? „Echt lecker! Mal was Neues", sagte er. Ein Grinsen machte sich in meinem Gesicht breit. Dieser Moment war der Anfang. Der Anfang von vielen gemeinsamen Kombucha-Experimenten und Rezeptentwicklungen. Ich bin dankbar, denn er war von vielen der Einzige, der offen war. Offen für eine neue Idee, offen für ein neues Projekt. Wir dokumentierten alles von Zuckergehalt über ph-Werte bis Umgebungstemperatur. Es war fast wie in einem kleinen Labor. Alles dafür, um den perfekten Kombucha reproduzierbar zu machen. Wir bestellten uns riesige 100-Liter-Tanks und erschufen gigantische Kombucha-Kulturen, die schon fast monströs aussahen. Nach ein paar Monaten boten wir das sprudelige (lebendige) Getränk sogar Restaurantgästen zum Verkauf an. In unterschiedlichen Geschmacksrichtungen haben wir uns so richtig ausgetobt. Von Gurke-Limette über Blaubeer-Minze, bis Pflaume-Thai Basilikum war so einiges dabei. Sogar spritzige Kombucha-Cocktails haben wir hergestellt. Das Abenteuer ging bis Ende letzten Jahres, als es dann zur Surflehrer-Ausbildung nach Bali ging. In der letzten Zeit habe ich viel probiert, experimentiert und mir einiges an Know-how im Bereich der Fermentation angeeignet. Dieses Wissen wollte ich nach Bali mit anderen Menschen teilen. Es ging nur noch um die Frage, wie man es umsetzt. Ein Buch ist ein hervorragendes Medium dafür. Ich schrieb einem langjährigen Freund und Fotografen und erzählte ihm von meiner Idee. „Ich will einen Fermentationsguide schreiben, hast du Lust mitzumachen?". Ich bekam sofort eine Antwort und er schien überzeugt. Nach nur einem Treffen tauschten wir uns persönlich darüber aus. Mir fällt es nicht schwer von einem Thema zu überzeugen, von dem ich fasziniert und begeistert bin. Es geschieht ganz automatisch. Wir beide waren Feuer und Flamme. Bereits zwei Tage später standen wir in meinem Zimmer und versuchten uns an ersten Fotos für das Buch. Kein Fotostudio, kein großes Set-up, nur das eigene Zimmer. Der Ort, an dem das gesamte Buch und die Bilder entstanden sind. Ich war mir nicht sicher, ob ich es erwähnen soll. Der Fokus ist auf das spannende Thema der Fermentation gerichtet. Dennoch muss ich sagen, war mein Zimmer der einzig sinnvolle Ort das Buch in einer für die gesamten Welt besonderen Situation umzusetzen. Eine Zeit, in der die Bewegungsfreiheit und der Kontakt zu anderen Menschen begrenzt ist, muss man auf kleinstem Raum erfinderisch werden. Das haben wir versucht und ich finde, es ist uns gelungen! Mit wenig aber hochwertigem Equipment, erschufen wir auf 24 qm eine neue Welt der Fermentation. Vieles geht so schnell heutzutage. Aber manchmal braucht man Zeit. „Gute Dinge brauchen ihre Zeit", hat meine Oma immer gesagt. Ähnlich wie das Schreiben eines Kochbuchs. In einer Welt, in der Vieles auf Abruf geschieht, kann es manchmal ein kleiner Widerspruch sein. Eine Herausforderung! Das online bestellte T-Shirt? In zwei Tagen geliefert. Das Mikrowellengericht? In 5 Minuten fertig. Wir müssen nicht über soziale Medien sprechen. Die sofortige Belohnung durch Likes und Kommentaren kann uns sogar abhängig machen. Wir rasen in einem enormen Tempo durch das Leben und vergessen manchmal das Hier und Jetzt. „Ich bin total erkältet! Was kann ich tun, damit ich schnellstmöglich wieder Sport machen kann?" Dies war eine häufig gestellte Frage von Mitgliedern in meiner Zeit als Trainer. Es gibt viele Mittel die helfen, doch häufig sind die besten Medikamente Ruhe und Zeit. Entschleunigung. Man kann sich das ein bisschen so vorstellen, als würde man den Kombucha oder das Einmachglas schütteln und rütteln und hoffen, dass die Fermentation schneller verläuft. Schon eher explodiert die Flasche. Nein, so funktioniert Fermentation nicht. Mit den Experimenten will ich zeigen, dass es Zeit braucht, bis sich Leben und spannende Aromen in unseren Lebensmitteln entwickeln können. Ich will zeigen, wie faszinierend und spannend es ist, wenn aus einem einfachen Produkt etwas Wunderbares wird. Ich will von dem Thema der Fermentation überzeugen, weil ich davon überzeugt bin. Ich wünsche Dir viel Spaß!

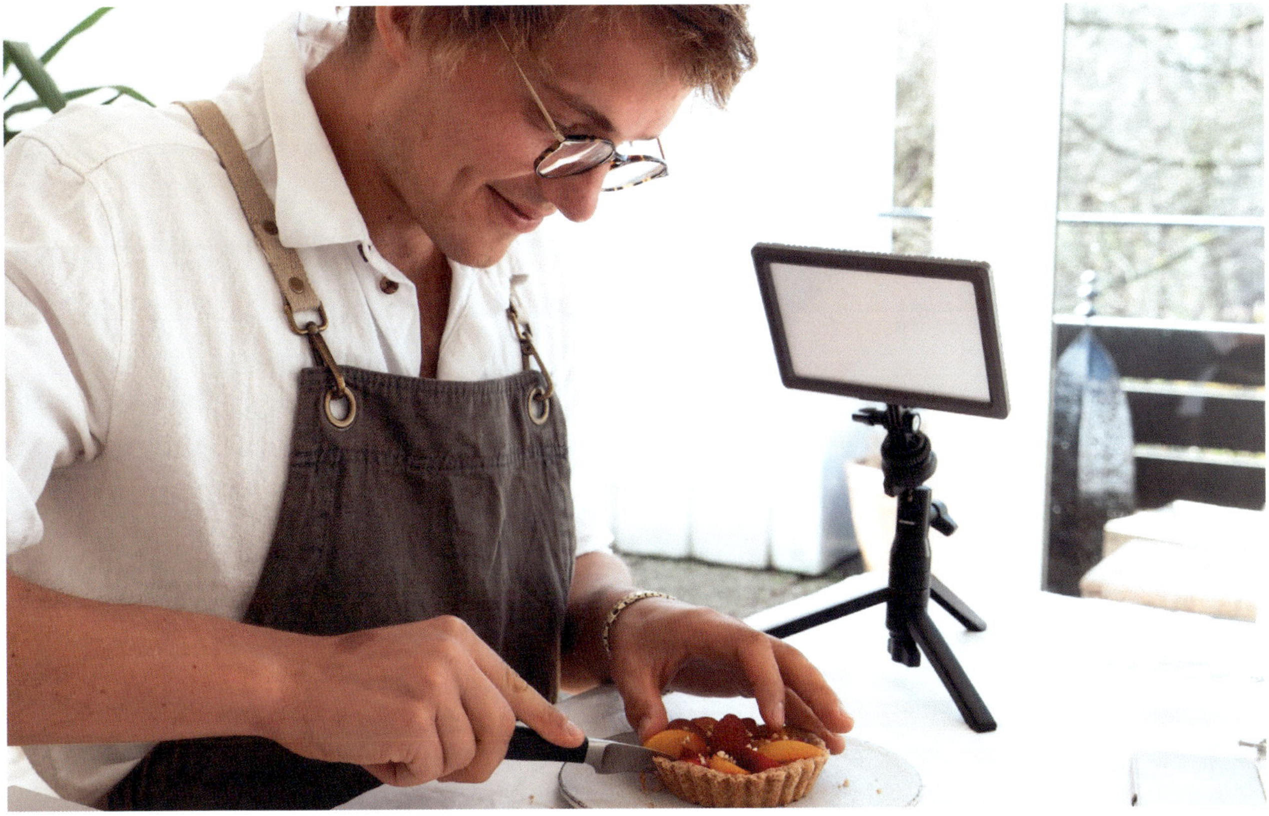

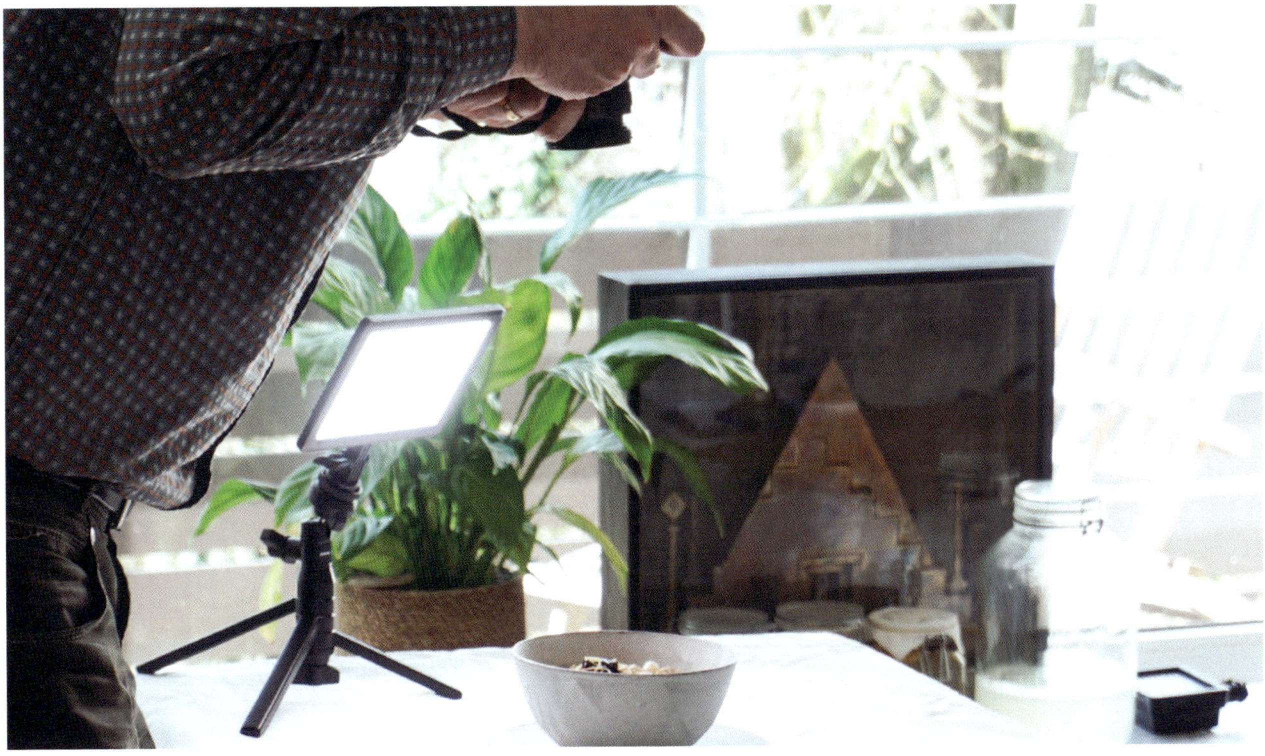

HYGIENE

Dem Thema Hygiene empfehle ich auf unserem Abenteuer besonders Aufmerksamkeit zu schenken. Ich kann mich noch an meine ersten Versuche beim Fermentieren erinnern. Es ist fast wie, als wenn man einen neuen Ort bereist. Eine neue Umgebung und neue Menschen. Daran muss man sich erst mal gewöhnen. Bei mir gingen einige der anfänglichen Experimente in die Hose. Ich habe das Thema „Vorbereitung" auf die leichte Schulter genommen. Wie bei einer Reise, ist eine gute Vorbereitung wichtig. Dadurch erspart man sich viel Mühe, vorher, währenddessen und nachher.

DIE SINNE

Die Sinne! Das ist das Erste, worauf man vertrauen sollte. Über Jahrtausende haben sich unsere Sinne weiterentwickelt, unser Überleben gesichert. Wir haben gelernt, davon zu unterscheiden, was giftig ist und was uns guttut. Eine Vorliebe für Süßes und Umami (der fünfte Geschmackssinn) und eine Abneigung gegenüber Bitterem und Verfaultem haben sich ausgebildet. Schon in der Muttermilch ist Zucker und Glutaminsäure (für den Umami-Geschmack verantwortlich) enthalten. Auf unsere natürlichen Sinnesorgane sollten wir bei all unseren Experimenten vertrauen. Neben dem Geschmackssinn spielt der Seh- und Geruchssinn ebenfalls eine wichtige Rolle. Ich kann mich noch an einen Versuch erinnern, bei dem ich frische Tomaten fermentiert habe. Alles verlief super, bis sich am dritten Tag der Fermentation ein kleiner weißer Film auf den Tomaten gebildet hat. Ein kleiner Eindringling hat sich darin anscheinend zu wohl gefühlt. Wie die „guten" Bakterien vermehren sich auch die „schlechten" Mikroben in einer ihnen wohltuenden Umgebung. Zu viel Sauerstoff, ein niedriger Säuregehalt, Wärme und Feuchtigkeit können ihr Gedeihen fördern. Das Schöne an der ganzen Sache ist, dass man einen Einfluss darauf hat, den „guten" Bakterien ein wohliges Zuhause einzurichten. Wenn es bei den zukünftigen Experimenten eintritt, dass einem der Geruch, das Gesehene oder der Geschmack suspekt vorkommt, geht man lieber auf Nummer sicher und startet das Experiment neu. Gesundheit geht vor Abenteuerlust.

Bevor man startet, sollte das Equipment und Material gesäubert und von ungewollten Mikroben befreit werden. Ich lade dazu ein, sich an die folgenden Prozeduren zu richten.

GESCHIRRSPÜLER

Beim Verwenden eines Geschirrspülers ist eine hohe Temperatureinstellung (mindestens 70 bis 80 °C) hilfreich, um ungewollte Mikroben abzutöten. Ich stelle einfach das Geschirr hinein und verwende es nach einem Spülzyklus.

ALKOHOLLÖSUNG

Wenn das Equipment zu groß zum Abkochen, für den Geschirrspüler oder den Ofen ist, verwende ich eine 70 bis 80-prozentige Alkohollösung. Ich meide 100-prozentigen Alkohol, da er nicht ins Innere der Keime eindringt.

DER HERD

Bevor ich starte, lege ich all meine Einmachgläser und Glasflaschen in einen großen Kochtopf mit ausreichend Wasser. Dazu öffne ich alle Behälter, damit das heiße Wasser in das Innere vordringen kann. Ich schließe den Deckel und warte, bis das Wasser kocht. Die Kochzeit beträgt 10 Minuten. Nach Ablauf der Kochzeit verwende ich eine Zange und Ofenhandschuhe zum Herausholen der Gefäße, um mich vor der Hitze zu schützen. Anschließend gieße ich das Wasser aus den Behältern und lasse sie abkühlen. Erst dann verwende ich sie.

IM OFEN

Beim Sterilisieren im Ofen berücksichtige ich das Material der Gefäße. Es muss unbedingt hitzebeständig sein. Glas und Keramik sind hier zu nennen. Holz oder Plastik sind „No-Gos". Nachdem ich das Equipment gründlich mit Wasser gereinigt und Lebensmittelreste abgewaschen habe, gebe ich die Gefäße in den noch kalten Ofen und heize ihn langsam auf 150 °C. Die Gummiringe und Deckel können je nach Material dran bleiben. Dabei müssen die Herstellerangaben beachtet werden. Die Gefäße erhitze ich für ca. 30 Minuten und lasse sie dann auskühlen.

EQUIPMENT

FÜR GUTES GELINGEN

EINMACHGLÄSER

Einmachgläser sind essenziell für die folgenden Experimente. Ich empfehle je nach gewünschter Menge 250 ml, 500 ml, 1 l und 2,5 l Gläser. Diese sollten einen Dichtungsring dabei haben und hitzebeständig sein.

GLASFLASCHEN

Zum Abfüllen der fermentierten Getränke eignen sich stabile Glasflaschen. Stabil, weil sich während der Gärung ordentlich Flaschendruck aufbauen kann. Ich empfehle einen luftdichten Bügel- oder Drehverschluss.

KÜCHENSIEB

Ein feines Küchensieb ist besonders bei den Getränken eine gute Hilfe. Früchte, Gewürze oder Kräuter müssen herausgefiltert werden. Beim Entfernen von groben Hefesträngen hilft ein Küchensieb.

KOCHTOPF

Ich kenne niemanden, der ihn nicht hat: den Kochtopf. Beim Kochen von Marmeladen, dem Pochieren von Birnen oder dem Herstellen von Kombucha, der Kochtopf ist ein wichtiges Werkzeug zum Erfolg!

ZELLSTOFFTÜCHER

Für einige der Rezepte brauchen wir Sauerstoff, damit aerobarbeitende Mikroben lebendig bleiben. Um die fermentierten Produkte vor Eindringlingen von Außen zu schützen, benötigt man Zellstofftücher.

STANDMIXER

Für cremige Smoothies oder leckere Geschmäcker in den Getränken brauchen wir Power! Abhilfe schaffen hochwertige Standmixer. Falls man keinen hat, kann man vereinzelt auch auf einen Stabmixer ausweichen.

ZESTENSCHÄLER

In einigen der Rezepte kommt die gelbe Zitrusfrucht vor. Besonders geschmackvoll ist die Schale. Ob im fermentierten Porridge oder in Marmeladen, die Zitronenschale unterstützt hervorragend die Säure.

GUTE LAUNE

Für mich ist eines der wichtigsten Werkzeuge eine positive Stimmung. Ich denke, dass sich unsere Laune auf die kleinen Mikroben überträgt. Sind wir gut drauf, verrichten sie ihre Arbeit wohlwollender und besser.

LEBENDIGKEIT VERBINDET

MANUTEEFAKTUR

Schon früh entwickelte sich in mir das Bedürfnis nach einem interessanten Partner für das Buch zu suchen, dessen Werte mit meinen harmonieren. Der Kontakt mit ManuTeeFaktur kam ganz spontan via Videobotschaft über eines der sozialen Netzwerke zustande. Einfach die Kamera draufhalten und das Video abschicken. Eine Antwort kam prompt. Roh, unbehandelt und biologisch soll es sein! Ich will Menschen, welche gerade keinen SCOBY zur Hand haben oder noch ungeduldig auf das Ende der Fermentation warten, die Möglichkeit bieten, in den Genuss der leckeren Kombucha-Rezepte zu kommen. Besonders zum Pochieren von Früchten oder für herrliche Smoothies verwende ich liebend gern Manu's Kombucha. Ähnlich wie die Rezepte in diesem Buch sind Manu's Produkte von der Welt inspiriert. Von aromatischen Tees, über Kombuchas, bis hin zu Cold Brew Ice Tees gibt es einiges zu entdecken. Sie verkörpern guten und hochwertigen Geschmack mit dem Blick für die Gesundheit.

ROH
Manu's Kombuchas sind ungefiltert und „roh". Alle guten Inhaltsstoffe bleiben somit erhalten.

BIO
Nur auserlesene Rohstoffe werden verwendet und in den Produkten verarbeitet. Alles ist bio, versteht sich.

SCOBYS
Bei der ManuTeeFaktur kann man auch SCOBYs für die heimische Kombucha-Herstellung erwerben.

LACTO-FERMEN-TATION

EINE METAMORPHOSE

Die Reise beginnt mit der Lactofermentation. Um einen Überblick zu verschaffen, ist eine kleine Definition zu Beginn hilfreich. Die Lactofermentation, oder auch Milchsäuregärung, beschreibt einen Gärungsprozess bei dem Kohlenhydrate durch Milchsäurebakterien in Kohlenstoffdioxid und Milchsäure umgewandelt werden. Ein saures Milieu entsteht und der ph-Wert (Säuregrad) sinkt. Beim Fermentieren verringert sich der Anteil an Sauerstoff und eine zunehmend anaerobe Umgebung entsteht. Die Abnahme an Sauerstoff unterdrückt das Vermehren und die Ausbreitung von aeroben Mikroben wie Schimmelpilzen oder anderen Schädlingen.

Vor vielen Jahren gab es noch keine Kühlschränke und ausgefeilte Kühlmethoden. Das Obst oder das Gemüse musste konserviert werden, weil nicht alle geernteten Mengen sofort verwendet oder gegessen werden konnten. Hier kommt die Lactofermentation ins Spiel. Während des Lebens einer Pflanze werden Fäulnisprozesse durch spezifische Abwehrmechanismen in Schach gehalten. Wenn die Pflanze stirbt, zum Beispiel durch das Ernten, beginnt ein natürlicher Wettlauf gegen die Zeit. Früher oder später fangen Gemüse und Früchte an zu faulen. Schickt man dieses Obst oder Gemüse auf die Reise der Lactofermentation, kann man ihnen neues Leben schenken. Man setzt sie dabei einem sauren Milieu aus, welches den Faulprozess stoppt und die Verderb bringenden Mikroorganismen in ihrem Wachstum hemmt. Die Milchsäurebakterien werden hingegen in ihrem Wachstum gefördert. Das meisten Gemüse bringt auch gewaschen eine ausreichende Menge an Milchsäurebakterien mit sich, um eine „wilde Gärung" (ohne eine Zugabe von Starterkulturen) beginnen zu können. Bei gekochten oder pasteurisierten Lebensmitteln muss mit Starterkulturen nachgeholfen werden. Viele Einflussfaktoren spielen eine Rolle bei der Lactofermentation. Eines der Wichtigsten ist die Umgebungstemperatur. Wird unseren kleinen Bakterien zu kalt, werden sie träge und verrichten ihre Arbeit nicht mehr. Wird ihnen zu warm, können sie überheizen oder sogar sterben. Die Balance halten, so heißt es immer so schön. Als gute Umgebungstemperatur zum Fermentieren gebe ich ca. 22 °C bis 24 °C an. Je nach Jahreszeit entspricht es etwa einer durchschnittlichen Raumtemperatur in mitteleuropäischen Breitengraden (und etwas wärmer). Die Bakterien verzeihen uns häufig kleine Abweichungen von ein paar Grad. Die Fermentation dauert dann eben etwas länger oder verläuft deutlich schneller. Wichtig ist, den Fermentationsprozess genau zu beobachten und dem Experiment genügend Aufmerksamkeit zu schenken. In vielen fermentierten Lebensmitteln im Supermarkt, ich meide Konjunktive, aber, „müsste" es voller Leben sprießen. Wären wir alle ein Stück gesünder? Bakterien können auf unterschiedlichen Ebenen zu unserer Gesundheit beitragen. Geht man die Supermarktregale entlang, sieht die Realität oft anders aus. In Sauerkrauts, Joghurts oder Kombuchas stecken kein Leben mehr. Durch Pasteurisierung werden unsere kleinen Freunde abgetötet und die Produkte für den Massenmarkt tauglich gemacht. Um es der breiten Bevölkerung zugänglich zu machen, muss es wohl so sein. Es könnte viel mehr Leben in unseren Lebensmitteln stecken. Leben, das uns lebendig macht. Deshalb schaue ich beim Kauf von fermentierten Produkten genau auf die Herstellung und das Etikett. Dadurch lässt sich ablesen, ob es sich um ein „lebendiges" Produkt handelt.

BLAUBEEREN

LACTOFERMENTIERT

FERMENTIERTE BLAUBEEREN

FERMENTATION
4-7 TAGE

TEMPERATUR
22-24 C

ZUBEREITUNG
15 MINUTEN

SCHWEREGRAD
10 / 3

ZUTATEN

Blaubeeren	250 g
Unjodiertes Salz	5 g

EQUIPMENT

Schüssel	1 Stk
Holzlöffel	1 Stk
Gefrierbeutel	1 Stk
Einmachglas (1 l)	1 Stk

Tag 1

Tag 7

Bereite ein sauberes Einmachglas und eine Schüssel vor.
Befülle einen kleinen Gefrierbeutel zur Hälfte mit Wasser.

ANLEITUNG

SCHRITT 1

Wasche die Blaubeeren gründlich unter fließendem kaltem Wasser. Lege sie in eine saubere Schüssel und füge das Salz hinzu. Rühre die Blaubeeren mit einem Holzlöffel um, sodass sich das Salz überall verteilen kann.

SCHRITT 2

Lege die gesalzenen Blaubeeren in das Einmachglas und beschwere sie mit dem Gefrierbeutel. Drücke den Gefrierbeutel je nach Festigkeit der Beeren ein wenig auf die Früchte, um die Zellstrukturen aufzubrechen.

SCHRITT 3

Schließe den Deckel des Behälters und lass die Blaubeeren für 4 bis 7 Tage bei Raumtemperatur stehen. Je länger die Fermentationszeit dauert, desto stärker ist die Säurenote. In dem Fermentationszeitraum sollte sich die Struktur der Früchte verändern und sich Flüssigkeit am Boden des Gefäßes absetzen. Öffne nach Ende der Fermentationszeit den Deckel und entferne den Gefrierbeutel. Verwerte die Blaubeeren sofort weiter oder bewahre sie mit samt der Flüssigkeit im Kühlschrank oder im Gefrierfach auf.

Tipp

Durch den Kauf von Bio-Zutaten kann man sichergehen, dass die Lebensmittel und Früchte frei von Wachsschichten, Pestiziden und unbestrahlt sind. Diese Eigenschaften sind wichtig für ein optimales Ergebnis beim Fermentieren.

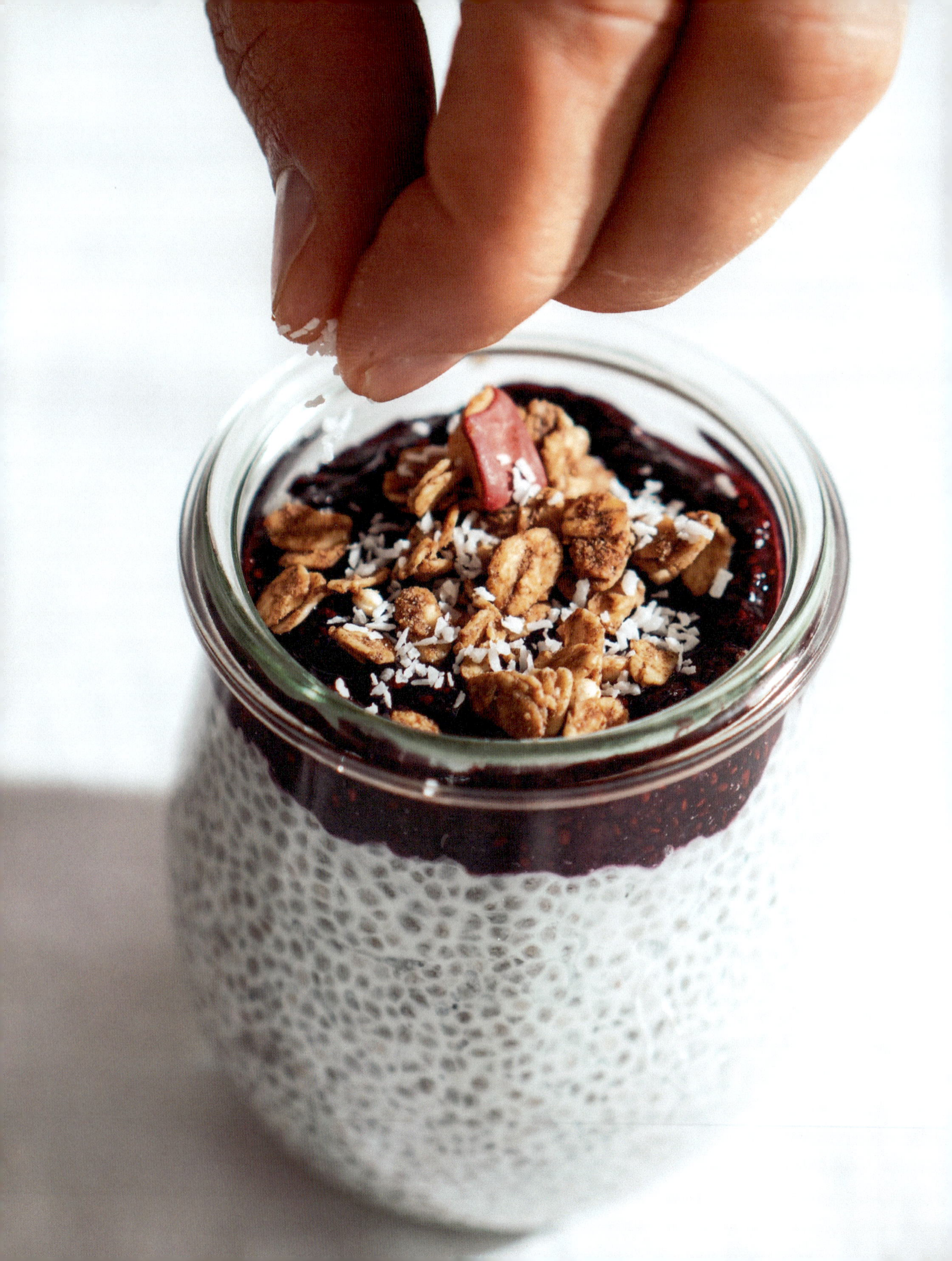

CHIAPUDDING
MIT LACTO-BLAUBEERSMUS

ZUTATEN

CHIAPUDDING

Chiasamen	50	g
Vollfett Kokosmilch	400	ml
Agavensirup	1	TL

BLAUBEERMUS

(Lacto-)Blaubeeren	120	g
Chiasamen	2	TL
Agavensirup	1	TL
Spritzer Zitronensaft	1	Stk

TOPPINGS (OPTIONAL)

Rawnola/Granola
Joghurt
Frische Früchte

EQUIPMENT

Standmixer	1	Stk
Kleine Weckgläser	2	Stk

Tipp

Mit ihrem hohen Gehalt an Omega-3 Fettsäuren, Ballaststoffen und Eiweißen sind Chiasamen ein absolutes Superfood. Vor allem sind sie eines: Vielseitig einsetzbar! Kombiniere die volle Power der kleinen Samen mit der Spritzigkeit des Kombuchas. Heraus kommt ein Chia-Kombucha-Energy-Drink, der alles Gute beider Zutaten vereint.

Weiche 1 Teil Chiasamen mit 4 Teilen Wasser für mindestens 30 Minuten zu einem Chia-Gel ein. Gib die gewünschte Menge Chia-Gel in ein Glas oder in eine Flasche und fülle auf mit Kombucha. Am liebsten nehme ich einen fruchtig geflavourten Kombucha.

METHODE MIXER

PORTIONEN 2 PORTIONEN

ZUBEREITUNG 15 MINUTEN

SCHWEREGRAD 10 / 3

Bereite einen Behälter mit den Chiasamen vor und stelle die Kokosmilch bereit.

ANLEITUNG

SCHRITT 1

Verrühre die Chiasamen mit der Kokosmilch und dem Agavensirup. Lass sie für mindestens 30 Minuten, besser über Nacht im Kühlschrank quellen.

SCHRITT 2

Mixe für das Blaubeermus die (Lacto-)Blaubeeren mit einem Standmixer. Verrühre dies mit den Chiasamen, dem Agavensirup und etwas Zitronensaft. Gib das Ganze ebenfalls für mindestens 30 Minuten in einen Behälter und lass es im Kühlschrank quellen.

SCHRITT 3

Fülle den Chiapudding in Weckgläser und toppe das Ganze mit dem Blaubeermus. Wer mag, gibt noch Granola, Joghurt und frische Früchte hinzu.

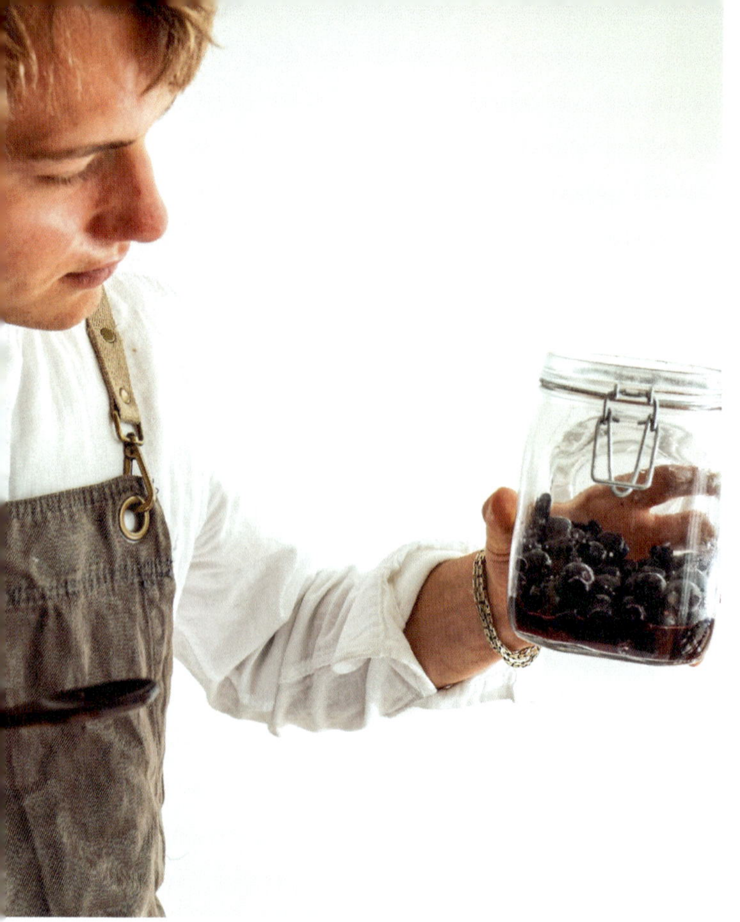
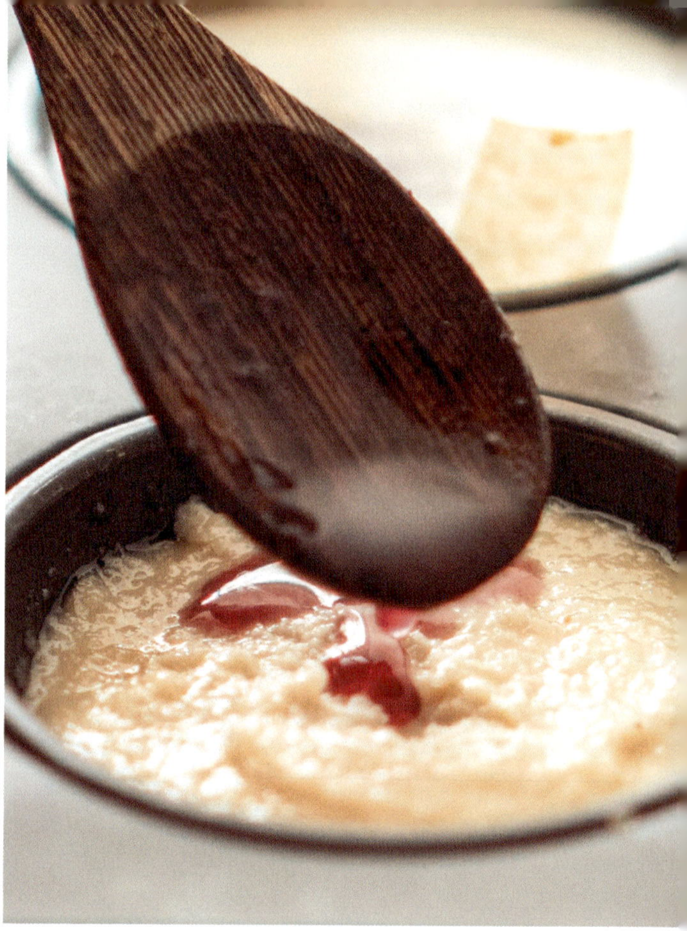
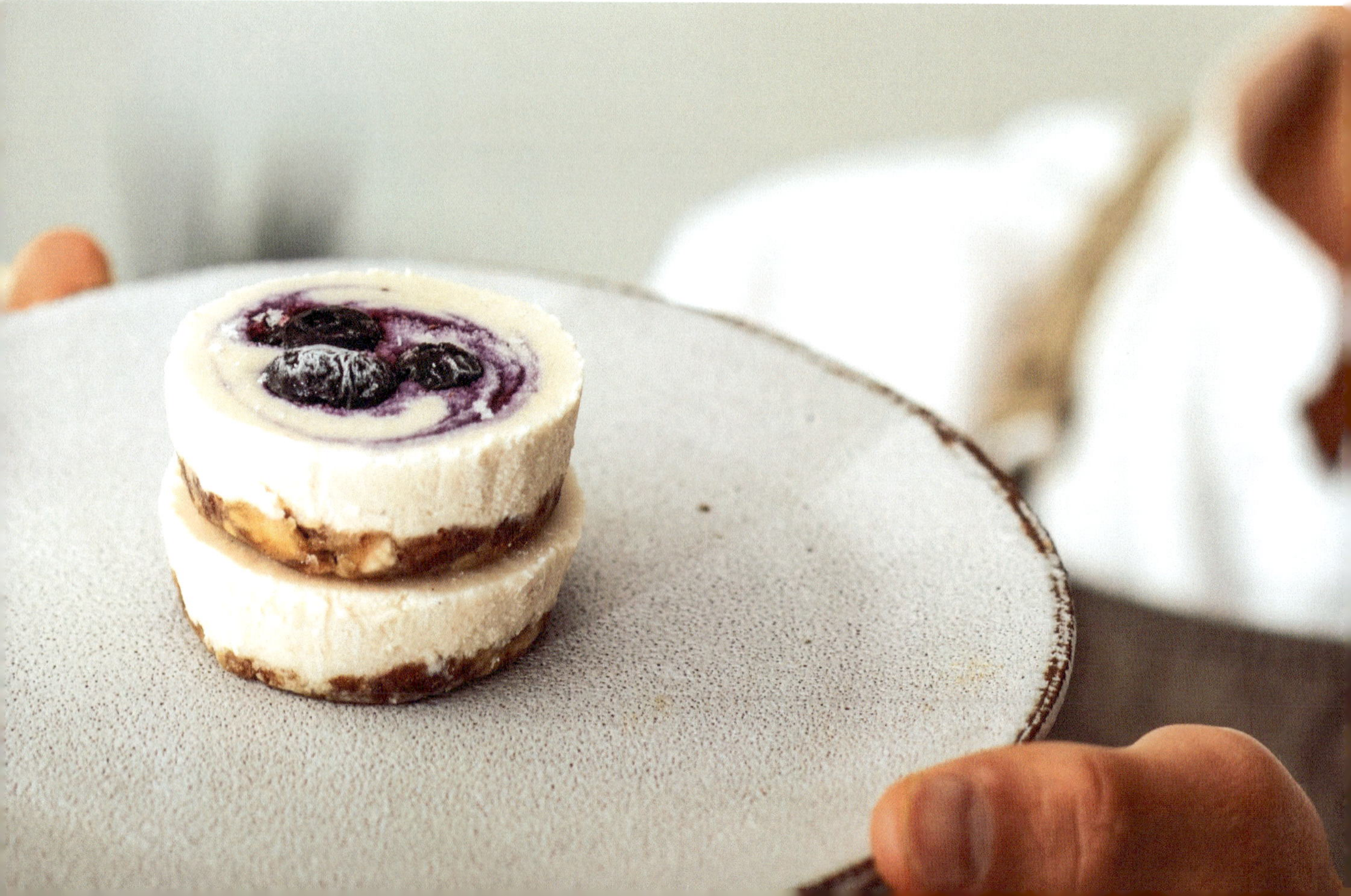

RAW CHEESECAKE MIT LACTO-BLAUBEERSWIRL

ZUTATEN

BODEN

Soft-Datteln, kernlos	65	g
Walnüsse	40	g

CASHEWCREME

Cashews	60	g
Vollfett Kokosmilch	50	ml
Agavensirup	40	ml
1/2 Zitrone, gepresst	1	Stk
Kokosöl, flüssig	30	g

TOPPINGS (OPTIONAL)

(Lacto-)Blaubeeren	4	TL
Blaubeersud	4	TL
Agavensirup	2	TL
Spritzer Zitrone	1	Stk

EQUIPMENT

Standmixer	1	Stk
Backpapier	1	Stk
Muffinform	1	Stk
Küchensieb	1	Stk
Holzspieß	1	Stk

Aus dem Leben

Zum ersten Mal stieß ich auf die rohen Kuchen in Byron Bay und auf Bali. Diese zwei Sehnsuchtsorte vereint der Surflifestyle und die große Auswahl an gesunden und „hippen" Cafés. Wenn man täglich mehrere Stunden im Wasser verbringt und surft, muss man sich ausreichend stärken. Zu einem leckeren Kaffee gab es Raw-Cakes in unterschiedlichsten Geschmacksrichtungen.

METHODE — MIXER
PORTIONEN — 4 PORTIONEN
ZUBEREITUNG — 20 MINUTEN
SCHWEREGRAD — 10 / 4

Weiche die Cashews in lauwarmen Wasser für mindestens 4 Stunden ein.

ANLEITUNG

SCHRITT 1

Für den Boden gib zuerst die Walnüsse in einen Standmixer. Zerkleinere sie durch pulsartiges Mixen. Sie sollten noch grobkörnig sein, nicht mehlartig. Gib die Soft-Datteln hinzu und mixe alles zu einer klumpigen Masse. Gegebenenfalls mit Wasser nachhelfen. Scheide aus Backpapier ca. 15x2 cm lange Streifen und lege sie in die Muffinformen. Dadurch lassen sich die Cheesecakes besser aus der Form heben. Verteile die Dattel-Nuss-Masse gleichmäßig auf alle Formen.

SCHRITT 2

Gib die Cashews in ein Küchensieb und spüle sie mit kaltem Wasser ab. Püriere alle Zutaten der Cashewcreme in einem Mixer zu einer glatten Masse und fülle sie anschließend gleichmäßig auf alle Böden.

SCHRITT 3

Wer mag, vermengt Lactoblaubeeren, Lactoblaubeer-Sud, etwas Agavensirup und einen Spritzer Zitrone. Gib zuerst 1/2 bis 1 Teelöffel des Suds auf die Creme und zeichne mit einem Holzstab (oder Holzspieß) kleine Kreise, sodass ein Wirbelmuster entsteht. Dekoriere die Cheesecakes mit ganzen Lactoblaubeeren und drücke sie zur Hälfte in die Creme. Stelle die Kuchen für mindestens 2 Stunden ins Gefrierfach und lass sie vor dem Essen kurz antauen. Dadurch sind sie cremiger im Geschmack und einfacher aus den Formen zu heben.

PFLAUMEN

LACTOFERMENTIERT

FERMENTIERTE PFLAUMEN

FERMENTATION
4-7 TAGE

TEMPERATUR
22-24 C

ZUBEREITUNG
15 MINUTEN

SCHWEREGRAD
10 / 3

ZUTATEN

Pflaumen	250	g
Unjodiertes Salz	5	g

EQUIPMENT

Schüssel	1	Stk
Holzlöffel	1	Stk
Gefrierbeutel	1	Stk
Einmachglas (1 l)	1	Stk

Tag 1

Tag 7

Bereite ein sauberes Einmachglas und eine Schüssel vor.
Befülle einen kleinen Gefrierbeutel zur Hälfte mit Wasser.

ANLEITUNG

SCHRITT 1

Wasche die Pflaumen gründlich und schneide sie in zwei Hälften. Entferne den Kern mit einem Messer und lege die Pflaumen in eine saubere Schüssel. Füge das Salz hinzu und rühre sie mit einem Holzlöffel um, sodass sich das Salz gleichmäßig verteilen kann.

SCHRITT 2

Gib die gesalzenen Pflaumen in ein Einmachglas und beschwere sie mit einem wassergefüllten Gefrierbeutel. Je nach Festigkeit der Pflaumen drückt man den Gefrierbeutel ein wenig auf die Früchte, um die Zellstrukturen aufzubrechen.

SCHRITT 3

Schließe den Deckel des Behälters und lass das Ganze für 4 bis 7 Tage an einem warmen dunklen Ort ruhen. Je nach gewünschten Säuregrad, fermentiert man die Pflaumen etwas länger oder ein wenig kürzer. In dem Fermentationszeitraum sollte sich die Struktur der Früchte verändern und sich Flüssigkeit am Boden des Gefäßes absetzen. Öffne nach Ende der Fermentationszeit den Deckel und entferne den Gefrierbeutel. Verwerte die Pflaumen sofort weiter oder bewahre sie mit samt der Flüssigkeit im Kühlschrank oder im Gefrierfach auf.

Aus dem Leben

Ich erinnere mich an die Zeit, als ich Koch in einem Hotel in Hamburg war. Gegen Ende des Sommers wartete eine große Lieferung an Pflaumen vor dem Hotel. Ich dachte mir nichts dabei, bis ich hörte, dass es 1,2 Tonnen Pflaumen seien. Ich entkernte 1 Woche jeden Tag 8 Stunden lang Pflaumen.

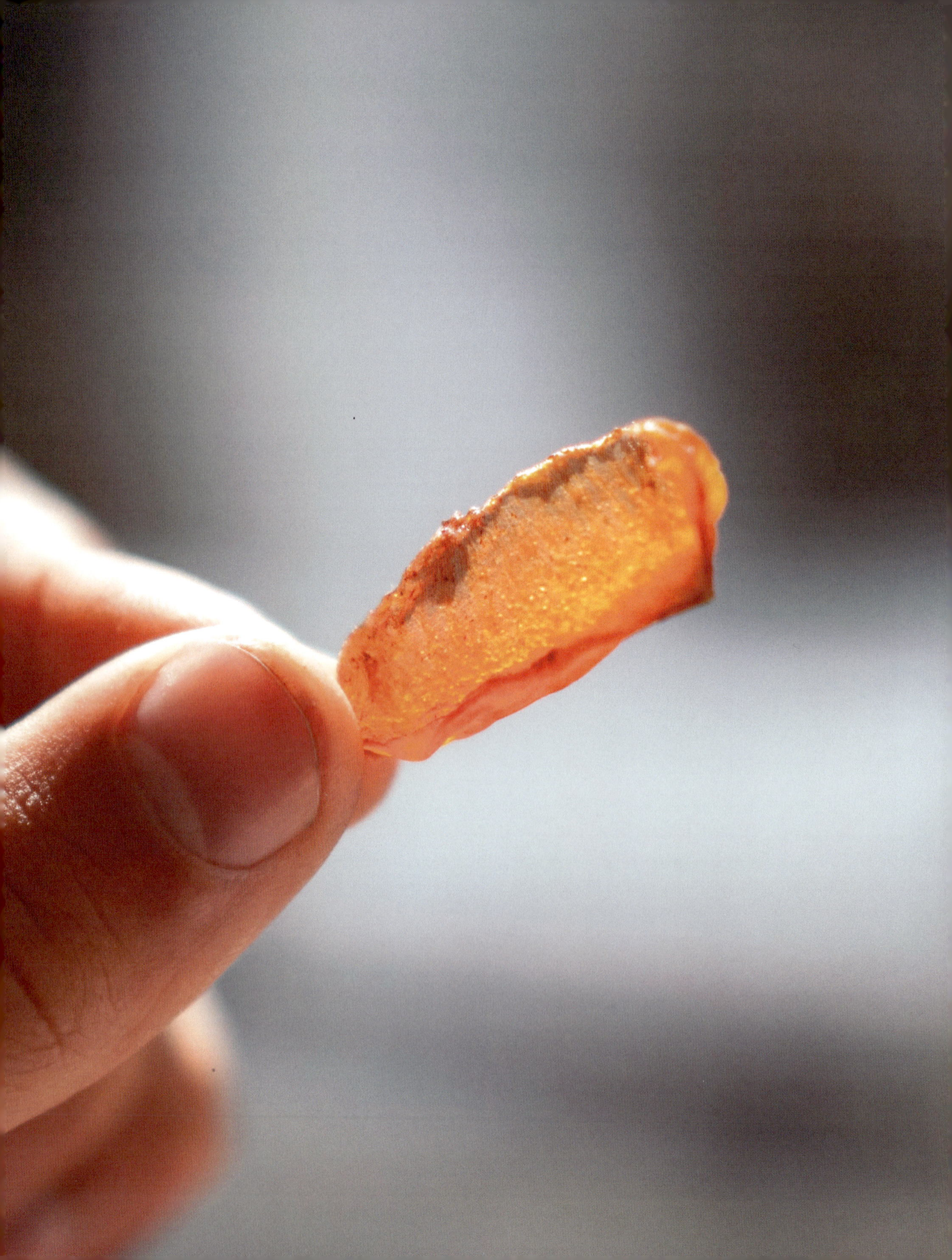

LACTO-PFLAUMENCHIPS

KONZENTRATION

Beim Dörren von Früchten werden wahre Geschmacksexplosionen erzeugt. Die warmen Temperaturen entziehen dem Obst das gesamte Wasser. Zurück bleibt der pure Geschmack. Die trockenen Früchte bieten Schädlingen keinerlei Angriffsfläche, weshalb sie fast ewig haltbar sind. Das Dörren von Lactofermentierten Pflaumen bringt das Ganze auf ein neues Level. Die Süße wird durch Säure und Salzigkeit ergänzt, was ein ganz besonderes Geschmacksbild ergibt. Mit dem folgenden Rezept kann man sich selbst davon überzeugen:

Erwärme den Ofen auf niedrigster Stufe (maximal 50 Grad). Schneide die Lacto-Pflaumen in viertel oder achtel und trenne die Haut vorsichtig vom Fruchtfleisch. Alles auf ein feinstäbiges Ofengitter legen und für mindestens 4 Stunden dörren. Zum Ende aus dem Ofen nehmen und abkühlen lassen.

MORNINGSTAR

Gedörrte Lacto-Pflaumen verleihen einem Granola oder Rawnola einen spannenden Geschmack.

PASTAPARTY

Schwenke die Dörrpflaumen in (veganer) Butter und gib die Nudeln hinzu. Hebe ein wenig Thai-Basilikum unter.

STUDENTENFUTTER

Mit ein paar rohen unbehandelten Nüssen sind Dörrpflaumen ein perfekter Snack für zwischendurch.

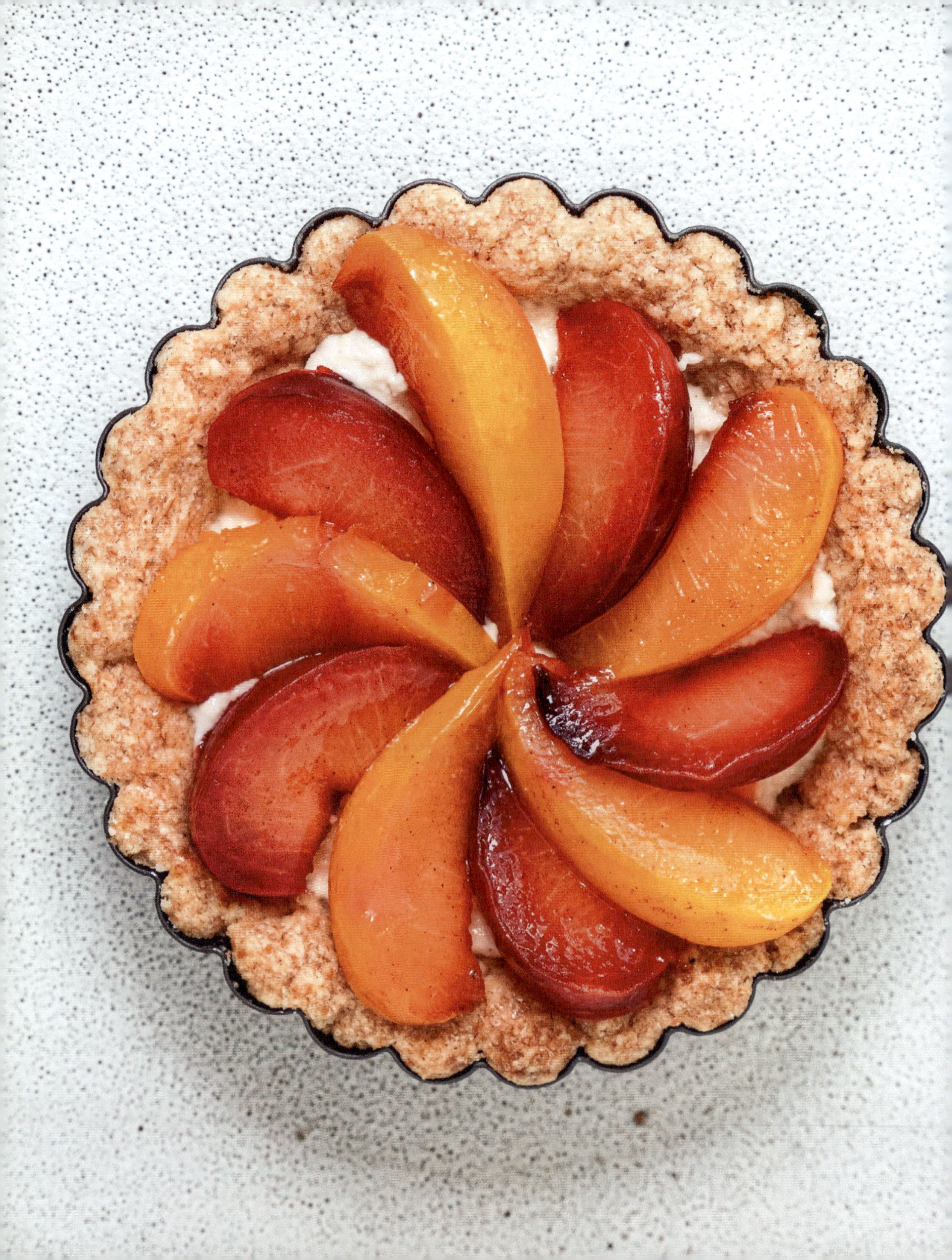

LACTO-PFLAUMENTARTELETTES MIT CASHEWCREME

ZUTATEN

MÜRBETEIG

Weizenmehl	150 g
Zucker	50 g
Backpulver	1/2 TL
Salz	1/2 TL
Margarine	100 g
Kaltes Wasser	2 EL

CASHEWCREME

Cashews	60 g
Vollfett Kokosmilch	100 ml
Agavensirup	2 EL
Salbeiblätter	5-6 Stk

PFLAUMEN

(Lacto-)Pflaumen	250 g
Margarine	10 g
Agavensirup	2 EL
Zimt	1 TL

EQUIPMENT

Tarteformen (Ø 10cm)	4 Stk
Frischhaltefolie	1 Stk
Standmixer	1 Stk
Pfanne	1 Stk

Tipp

Beim Andünsten der Pflaumen bleibt meist ein kleiner Sud übrig, der das volle Aroma aller Zutaten konzentriert. Deshalb diesen unbedingt aufbewahren! Vor dem Servieren träufle ich davon ein wenig über die Tartelettes oder rühre etwas in die Cashewcreme. Dadurch werden die Pflaumen noch saftiger die Creme umso aromatischer.

METHODE OFEN

PORTIONEN 4 PORTIONEN

ZUBEREITUNG 60 MINUTEN

SCHWEREGRAD 10 / 5

Gib die Cashews in eine Schüssel und weiche sie in lauwarmem Wasser für mindestens 4 Stunden ein.

ANLEITUNG

SCHRITT 1

Für den Boden die trockenen Zutaten in einer Schüssel vermischen. Gib die kalte Margarine in kleinen Flocken über das Mehl. Verknete alles mit den Händen zu feinen Krümeln. Mische nach und nach etwas kaltes Wasser unter, bis sich größere Klumpen bilden. Knete den Teig gut durch, forme eine Kugel und stelle ihn in Frischhaltefolie gewickelt 30 Minuten kalt.

SCHRITT 2

Währenddessen die Tarteformen mit der Margarine gründlich einfetten und beiseitestellen. Heize den Ofen auf 200 Grad, Ober- und Unterhitze vor. Nimm anschließend die gewünschte Menge des Teiges und verteile ihn in die Tarteformen. Steche mit einer Gabel kleine Löcher in den Mürbeteig. Gib nun die Tarteformen für ca. 10 Minuten auf mittlere Schiene in den Ofen.

SCHRITT 3

In der Zwischenzeit die Creme und karamellisierten Pflaumen zubereiten. Alle Zutaten der Cashewcreme außer der Salbeiblätter mit einem Mixer zu einer glatten Creme pürieren. Die Salbeiblätter mit einem Messer sehr fein hacken und anschließend zur Creme geben. In einer mittelgroßen Pfanne Margarine zerlassen. Die Pflaumen hineingeben und etwas andünsten. Agavensirup, Pflaumenflüssigkeit und Zimt einrühren und so lange erhitzen, bis es anfängt zu karamellisieren. Nicht zu lange garen, da die Früchte sonst zerfallen und zu weich werden.

SCHRITT 4

Den Mürbeteig aus dem Ofen nehmen und ein wenig abkühlen lassen. Er sollte leicht bräunlich sein. Einen Mürbeteigboden mit 1 Esslöffel der Cashewcreme bestreichen und mit ca. 10 Pflaumen-Spalten belegen. Wer mag, kann die Tartelettes zusätzlich mit etwas (gekeimtem) Buchweizen, Nüssen oder leckeren Gewürzen verfeinern.

EXKURS „SPROUTING"

AKTIVIERT

Was ist das "Aktivieren"? Eine Freundin erzählte mir, dass ihre Mutter Nüsse und Samen in lauwarmen Wasser über eine bestimmte Zeit eingeweicht und später wieder getrocknet hat. So viel Aufwand und was soll das bringen? Rohe Nüsse, Hülsenfrüchte, Getreide und andere Saaten enthalten Phytinsäure. Sie kann die Aufnahme von lebenswichtigen Mineralien hemmen, indem sie sehr stabile Komplexe mit Magnesium, Kalcium, Zink und Eisen bildet. Diese starke Verbindung sorgt dafür, dass vieles unverwertet ausgeschieden wird. Phytinsäure dient dem Keimling als stille Energiereserve und sobald er sich in einem feucht-warmen Milieu befindet, fängt der Stoffwechsel an aktiv zu werden. Dabei wandelt das Enzym Phytase die Phytinsäure um und das darin gespeicherte Phosphor wird freigesetzt. Phosphor dient dem Keim direkt als Nährstoff und Energiequelle, ein Keimling sprießt. Um die Anfangsfrage kurz zu beantworten, was das "Aktivieren" von Nüssen sei, so ist es nun schlüssig. Das Einweichen der Nüsse sorgt dafür, dass Stoffwechselprozesse im Keimling in Gang gesetzt werden. Während solcher Prozesse erhoffen sich viele, dass sich stabile Komplexe lösen und Nährstoffe und Mineralien besser vom Körper aufgenommen werden können. Wie lange man die Nüsse einweichen sollte, ist nicht klar definiert. Eine grobe Richtlinie ist je nach Nuss, Samen oder Getreide eine Einweichzeit von ca. 4-8 Stunden.

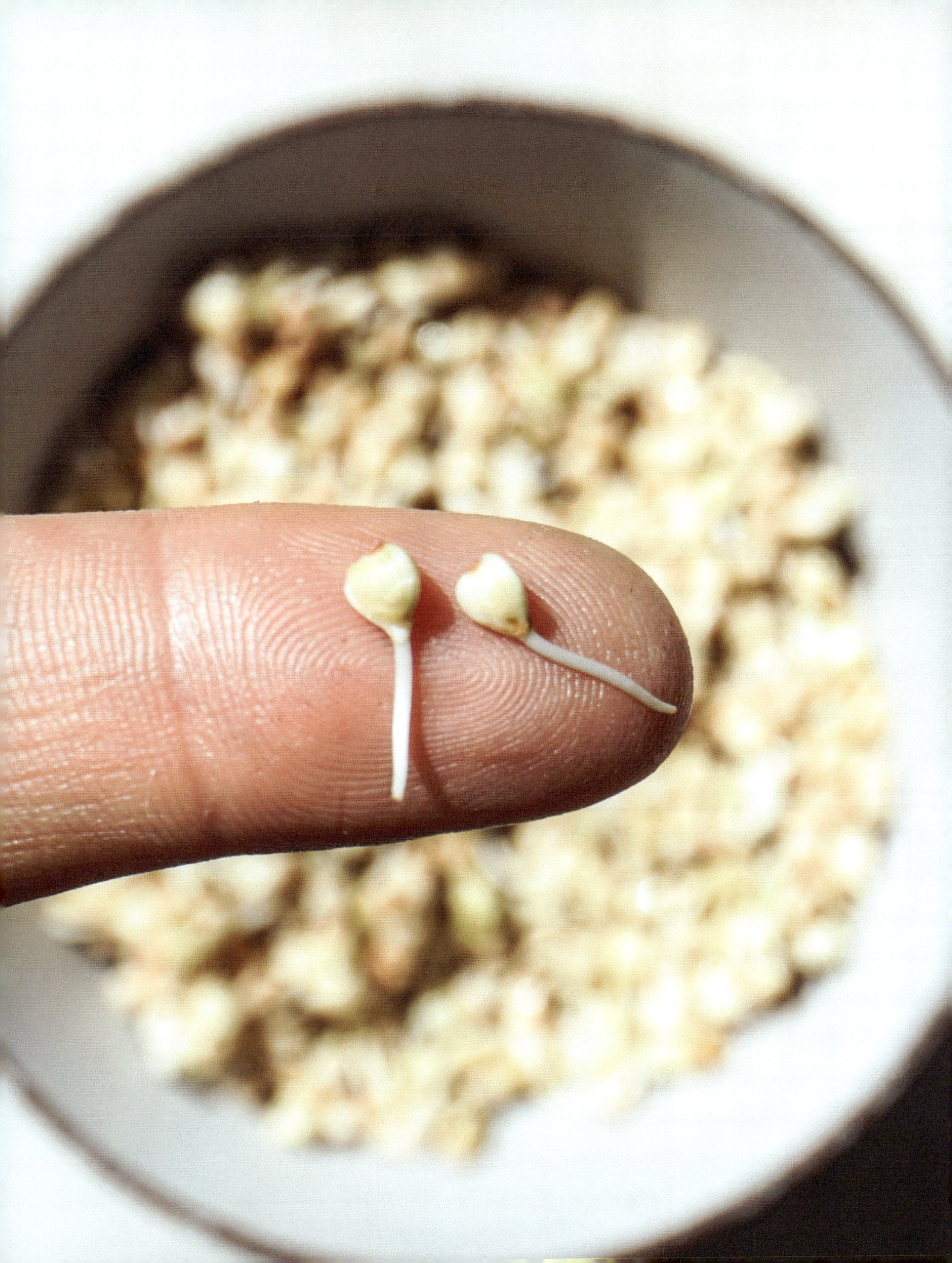

HIMBEEREN

LACTOFERMENTIERT

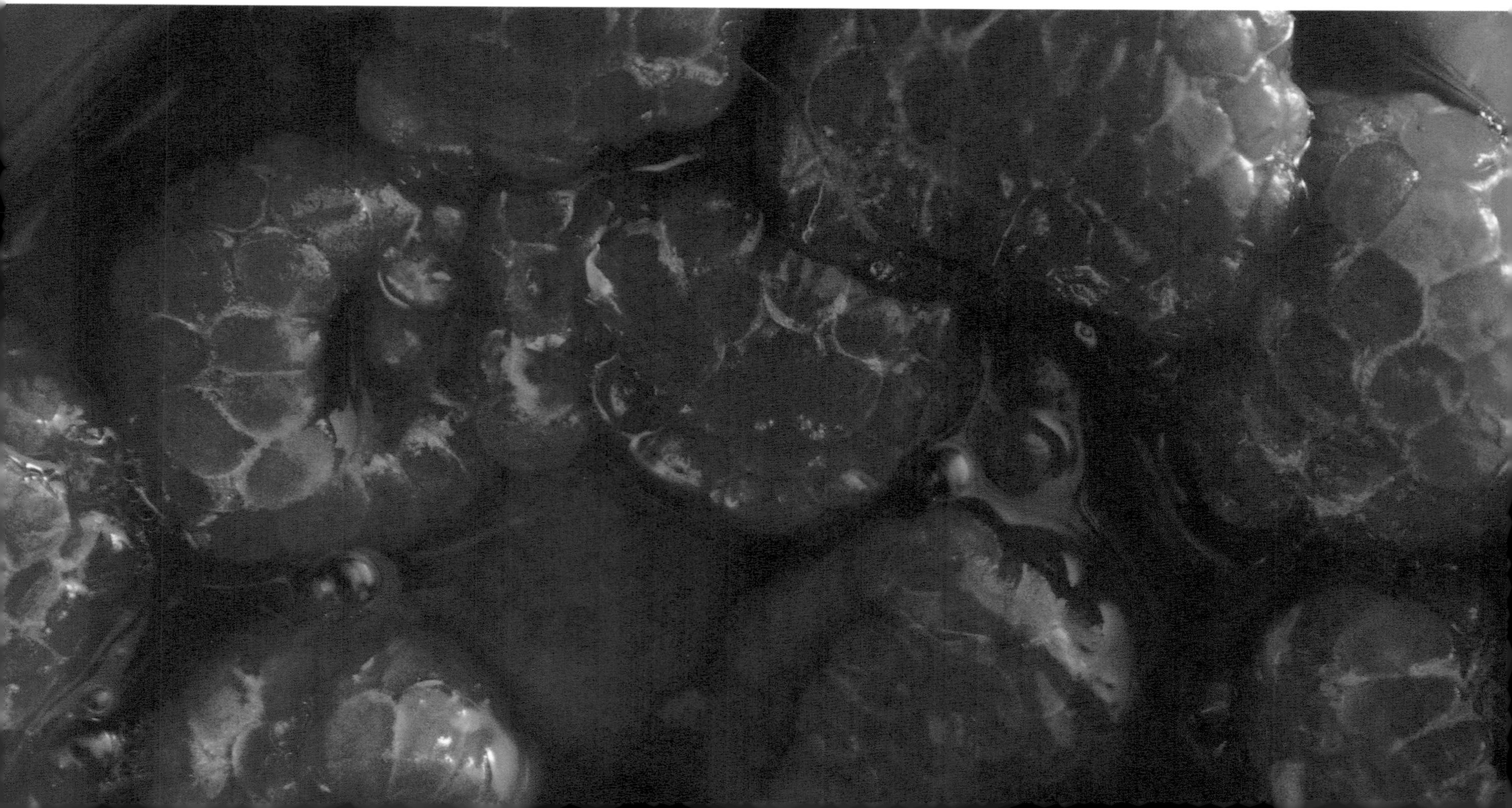

FERMENTIERTE HIMBEEREN

FERMENTATION
4-7 TAGE

TEMPERATUR
22-24 C

ZUBEREITUNG
15 MINUTEN

SCHWEREGRAD
10 / 3

ZUTATEN

Himbeeren	250 g
Unjodiertes Salz	5 g

EQUIPMENT

Schüssel	1 Stk
Holzlöffel	1 Stk
Gefrierbeutel	1 Stk
Einmachglas (1 l)	1 Stk

Tag 1 — Tag 7

Bereite ein sauberes Einmachglas und eine Schüssel vor.
Befülle einen kleinen Gefrierbeutel zur Hälfte mit Wasser.

ANLEITUNG

SCHRITT 1

Wasche die Himbeeren gründlich unter fließendem kaltem Wasser. Lege sie in eine saubere Schüssel und füge das Salz hinzu. Rühre die Himbeeren mit einem Holzlöffel um, sodass sich das Salz überall verteilen kann.

SCHRITT 2

Gib die gesalzenen Himbeeren in das Einmachglas und beschwere sie mit dem Gefrierbeutel. Drücke den Gefrierbeutel je nach Festigkeit der Beeren ein wenig auf die Früchte, um die Zellstrukturen aufzubrechen.

SCHRITT 3

Schließe den Deckel des Behälters und lass die Himbeeren für 4 bis 7 Tage bei Raumtemperatur stehen. Je länger die Fermentationszeit dauert, desto stärker ist die Säurenote. In dem Fermentationszeitraum sollte sich die Struktur der Früchte ein wenig verändern und sich Flüssigkeit am Boden des Gefäßes absetzen. Öffne nach Ende der Fermentationszeit den Deckel und entferne den Gefrierbeutel. Verwerte die Himbeeren sofort weiter oder bewahre sie mit samt der Flüssigkeit im Kühlschrank oder im Gefrierfach auf.

Tipp

Wie bei allen lactofermentierten Früchten in diesem Buch setzt sich über die Fermentationszeit Flüssigkeit am Boden ab. Diese Flüssigkeit ist super spannend im Geschmack und sollte aufbewahrt werden! Die Säure der Flüssigkeit macht sich hervorragend als Emulgator in Salat-Dressings.

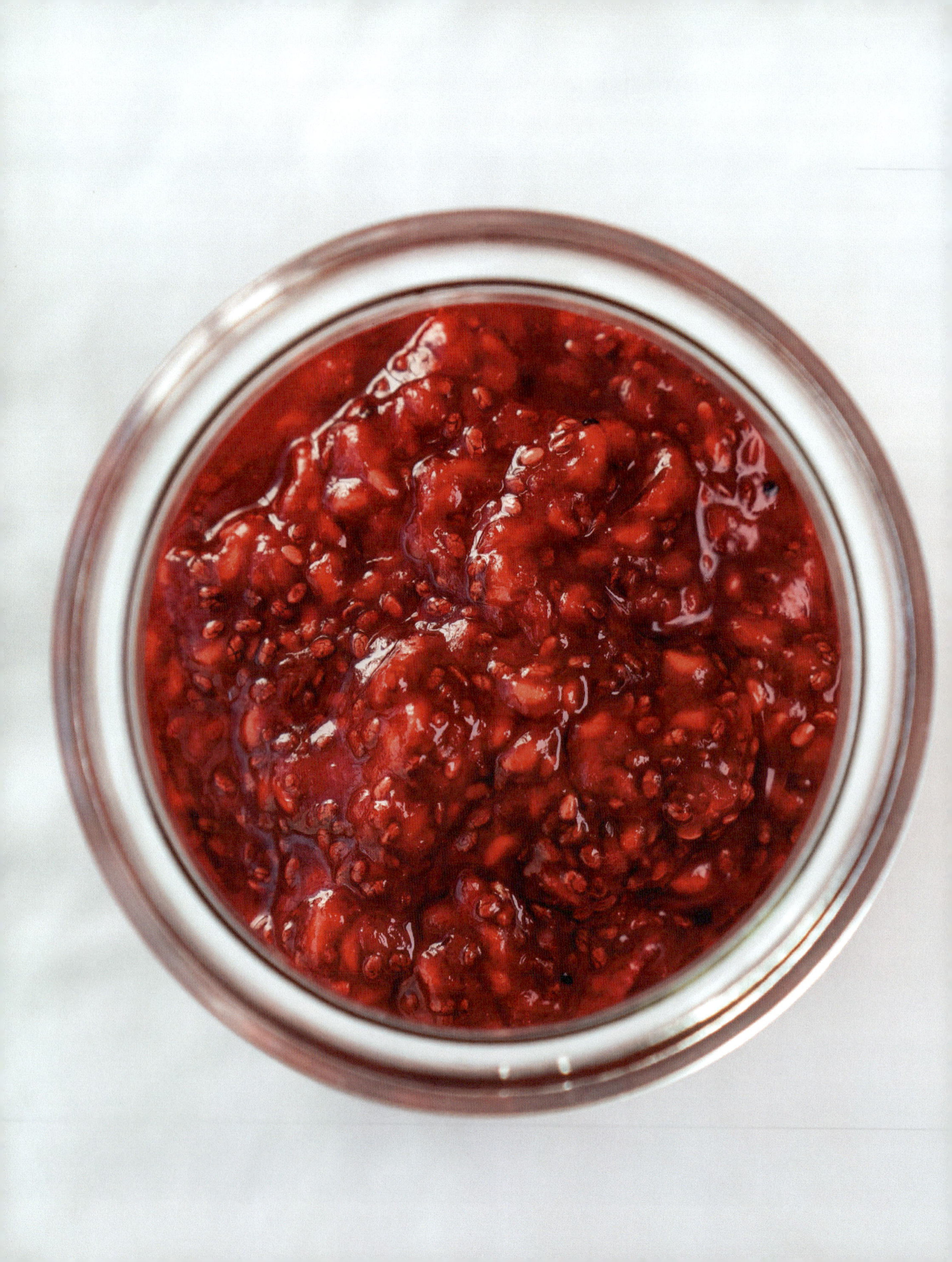

HIMBEERMARMELADE MIT CHIASAMEN

METHODE
TOPF

PORTIONEN
1 KL. WECKGLAS

ZUBEREITUNG
15 MINUTEN

SCHWEREGRAD
10 / 3

ZUTATEN

(Lacto-)Himbeeren	250	g
Agavensirup	2	EL
Vanilleextrakt	1/2	TL
Chiasamen	2	EL
Schale 1/2 Zitrone	1	Stk

EQUIPMENT

Mittelgroßer Topf	1	Stk
Zestenschneider	1	Stk
Weckglas	1	Stk

Stelle die lactofermentierten Himbeeren und einen mittelgroßen Topf bereit.
Reibe die Schale einer halben Zitrone.

ANLEITUNG

SCHRITT 1

Gib die Himbeeren in eine Pfanne oder Kochtopf und bringe sie zum Köcheln. Füge anschließend alle restlichen Zutaten hinzu und lass alles 2 Minuten weiterköcheln. Rühre die Marmelade regelmäßig um, damit sich alle Komponenten vermischen.

SCHRITT 2

Gib die warme Marmelade in ein Weckglas und lass sie abkühlen. Vor dem Verwenden mindestens eine Stunde in den Kühlschrank stellen. Die Marmelade sollte verschlossen gelagert innerhalb der nächsten Woche verbraucht werden.

Aus dem Leben

Wenn ich an Marmeladen denke, dann denke ich immer an ein herrliches Frühstück in unserem Ferienhaus an der Nordsee. Wenn die Tage heller und die Sonnenstunden länger werden, dann verwandelt sich der Ort zu einer richtigen Oase. Kein Wecker, kein Handy. Nur die Natur, die einen sanft in den Tag einlädt. Wenn ich noch leicht verschlafen auf die Terrasse gehe, ist der Tisch schon reichlich gedeckt. Warme Brötchen, frische Früchte und eben verschiedene Marmeladen. Die Lieblingsmarmelade meiner Mutter ist die Himbeermarmelade. Dazu gibt es entweder ein Mohnbrötchen oder ein saftiges Croissant.

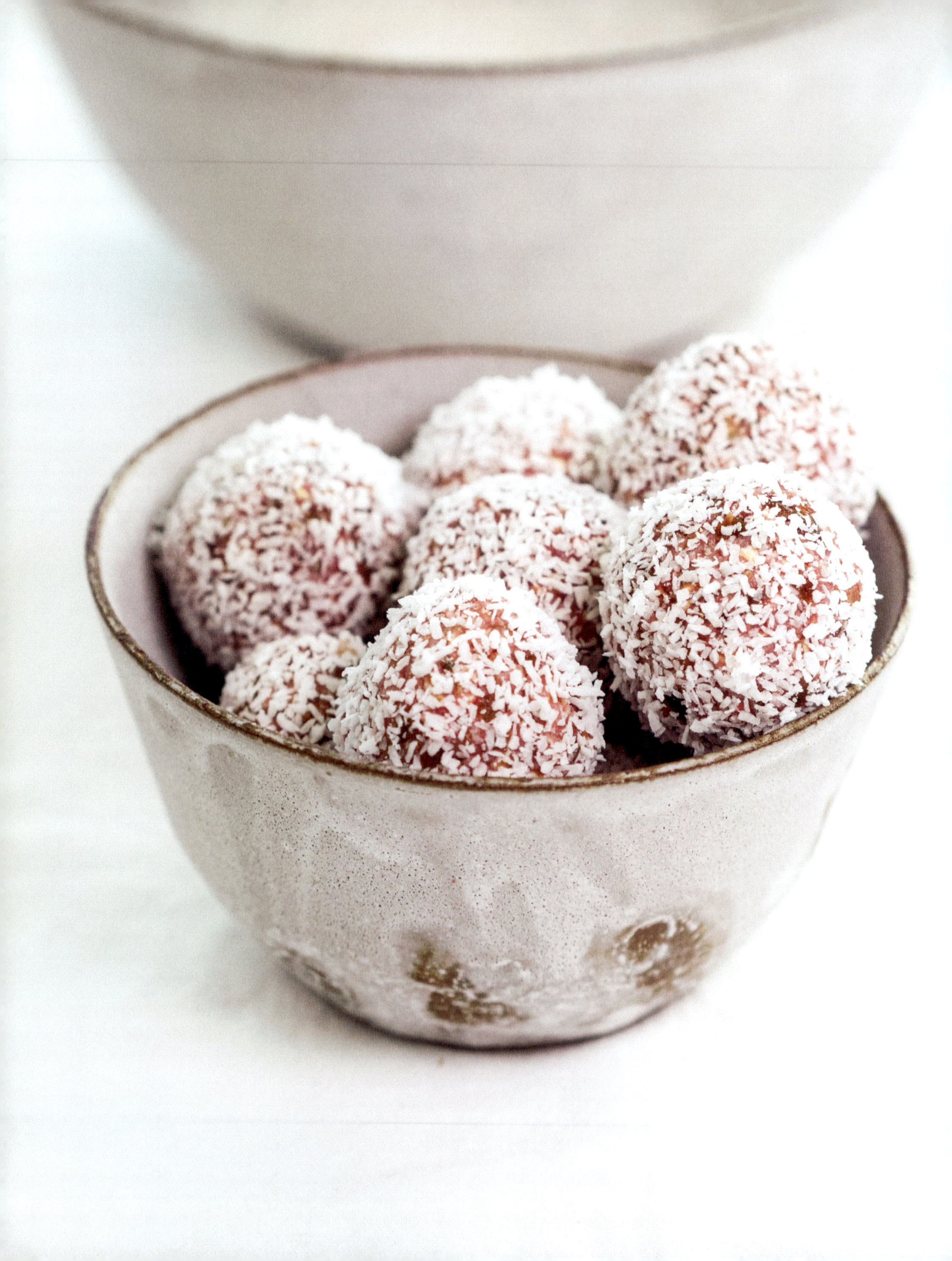

ENERGY BALLS MIT LACTO-HIMBEEREN UND KOKOS

METHODE
MIXER

PORTIONEN
CA. 20 BALLS

ZUBEREITUNG
20 MINUTEN

SCHWEREGRAD
10 / 3

ZUTATEN

(Lacto-)Himbeeren	250	g
Soft-Datteln	200	g
Haferflocken	100	g
Cashew-/Mandelmus	50	g
Chiasamen	5	g
Kokosraspel	30	g

EQUIPMENT

Standmixer	1	Stk

Stelle einen Standmixer und alle Zutaten bereit.

ANLEITUNG

SCHRITT 1
Gib alle Zutaten in einen Standmixer. Mixe solange bis sich eine klumpige und teigartige Masse gebildet hat. Wenn der Teig zu trocken ist, gib noch ein wenig kaltes Wasser hinzu.

SCHRITT 2
Befeuchte die Hände und forme aus dem Teig kleine Bällchen. Wälze sie in Kokosflocken und lege sie auf einen Teller oder in eine Schüssel. Lass sie für 15 bis 20 Minuten im Kühlschrank anhärten.

Tipp
Wer noch ein paar Energy Balls übrig hat und nicht weiß, wohin damit, der hat viele tolle Optionen der Weiterverwertung:

Eine Möglichkeit ist, die Energy Balls zu einem herrlich fruchtigen Rawnola zu machen. Wem die Masse zu feucht ist, der gibt sie mit etwas zusätzlichen Haferflocken, Nüssen oder Kokosraspeln in einen Mixer. Wer die Masse noch saftiger haben will, fügt ein paar Himbeeren hinzu. Für Kekse-Liebhaber kann man aus den Energy Balls leckere Hafercookies zaubern. Heize einen Ofen auf 180 Grad, Ober- und Unterhitze, vor. Knete 2 EL neutrales Öl (z. B. Sonnenblumenöl) in die Masse, sodass sich alles gut verbindet. Forme kleine Teighäufchen (ca. 2 EL) auf einem mit Backpapier belegten Backblech. Im vorgeheizten Ofen 20 Minuten bei 180 Grad backen. Die Cookies passen gut zum Kaffee oder einem Glas Milch.

HAFERFLOCKEN

LACTOFERMENTIERT

FERMENTIERTE HAFERFLOCKEN

FERMENTATION
1-3 TAGE

TEMPERATUR
22-24 C

ZUBEREITUNG
15 MINUTEN

SCHWEREGRAD
10 / 3

ZUTATEN

Haferflocken	150 g
Fertiger Wasserkefir	2 EL
Wasser	500 ml

EQUIPMENT

Standmixer	1 Stk
Einmachglas (1 l)	1 Stk
Zellstofftuch	1 Stk
Holzlöffel	1 Stk

Tag 1

Tag 3

Bereite ein sauberes Einmachglas, ein Zellstofftuch und einen Standmixer vor. Befülle einen Messbecher mit 500 ml Wasser.

ANLEITUNG

SCHRITT 1

Mahle die Haferflocken grob durch pulsartiges Mixen. Benutze dazu einen Standmixer. Es hilft die Stärken aus dem Inneren des Hafers freizusetzen. Diese stellt später die Nahrungsgrundlage für die Bakterien dar und lässt sie gedeihen.

SCHRITT 2

Die Haferflocken in das Einmachglas geben und Wasser hinzufügen. 2 Esslöffel Wasserkefir (oder Kombucha) einrühren und den Behälter locker mit einem Zellstofftuch abdecken. Zum Fixieren benutze ein Gummiband.

SCHRITT 3

Lass die Haferflocken 1 bis 3 Tage bei Raumtemperatur fermentieren. Je nach gewünschtem Säuregrad lässt man die Haferflocken länger oder kürzer stehen. Rühre die Haferflocken einmal täglich mit einem Holzlöffel durch. Man weiß, dass sie fertig sind, wenn sie einen säuerlichen Geruch annehmen und kleine Blasen zu sehen sind. Lagere die fermentierten Haferflocken verschlossen im Kühlschrank. Verbrauche sie in den nächsten 5 bis 7 Tage oder verarbeite sie sofort weiter.

Tipp

Wie bei den Joghurts kann man etwas von der fermentierten Haferflocken-Flüssigkeit aufbewahren und für das nächste Experiment als Starter (anstelle von Wasserkefir oder Kombucha) verwenden.

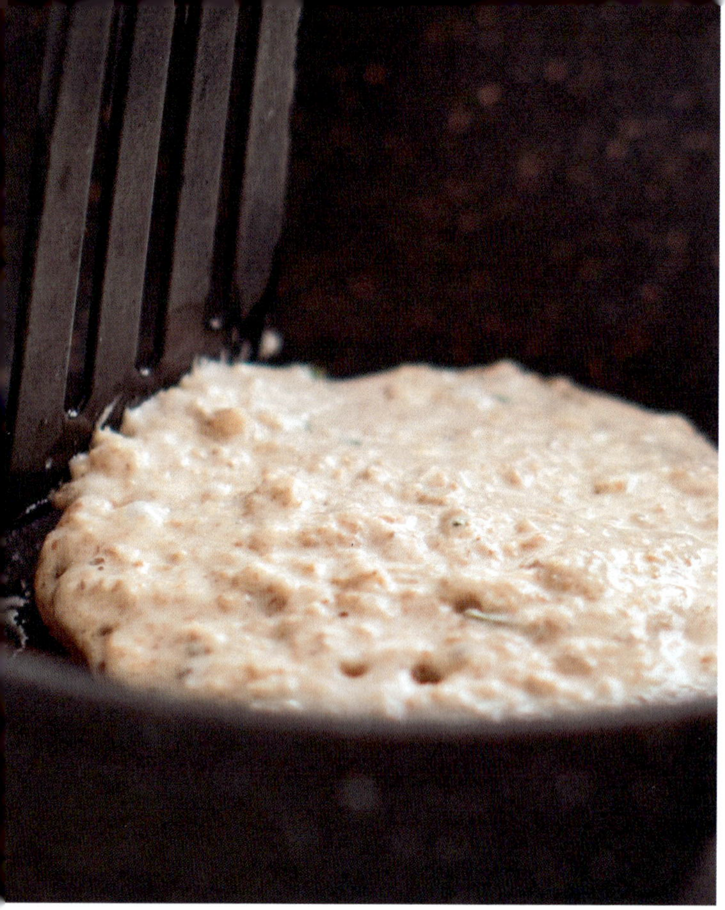
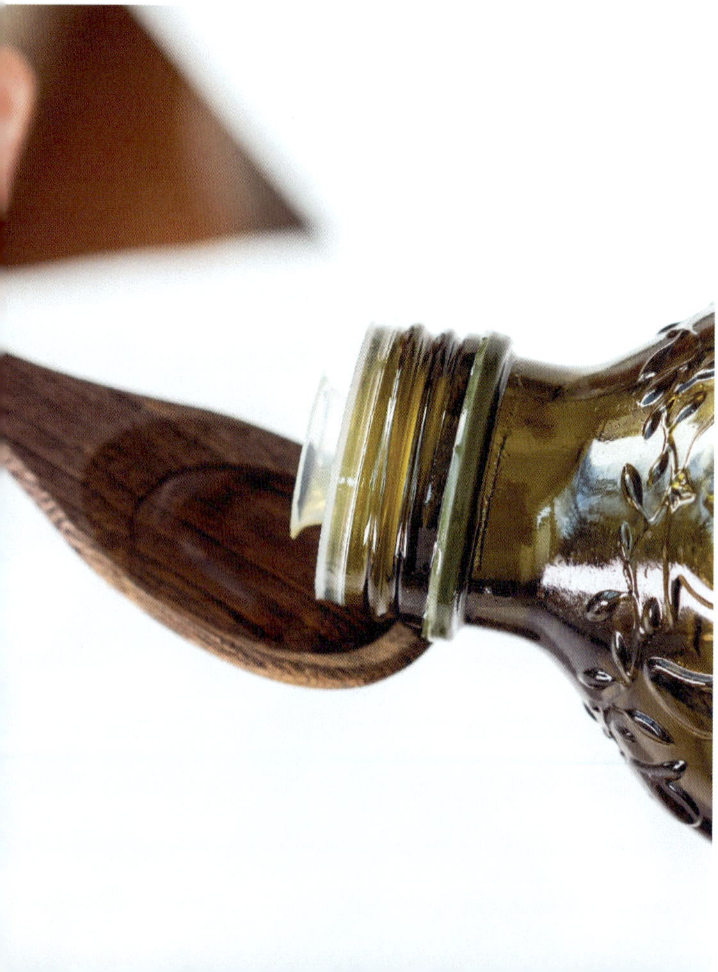
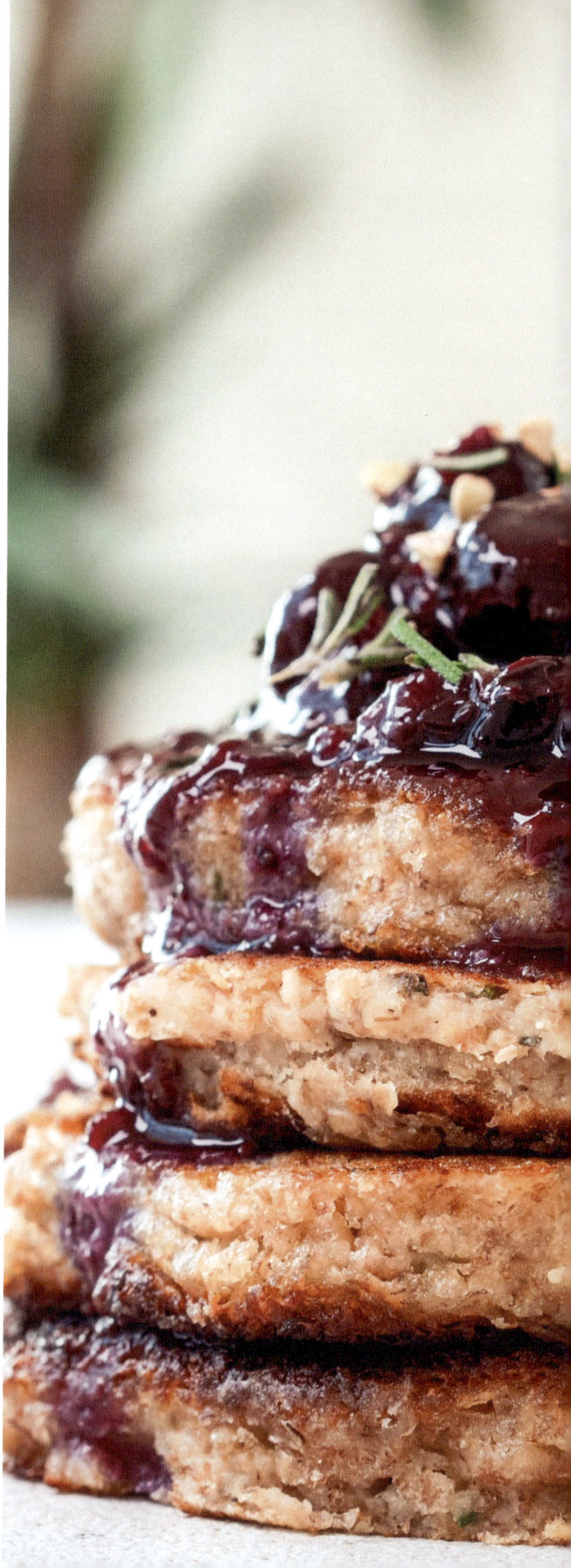

PANCAKES
MIT ROSMARIN UND OLIVENÖL

METHODE
PFANNE

PORTIONEN
4 PORTIONEN

ZUBEREITUNG
15 MINUTEN

SCHWEREGRAD
10 / 4

ZUTATEN

Ferm. Haferflocken	200	g
Dinkel/-Weizenmehl	35	g
Backpulver	1	TL
Agavensirup	2	EL
Rosmarin	2	EL
Zitronensaft	2	TL
Schale 1/2 Zitrone	1	Stk
Olivenöl	2	TL

EQUIPMENT

Küchensieb	1	Stk
Pfanne	1	Stk

Bereite eine Pfanne und ein Küchensieb vor.

ANLEITUNG

SCHRITT 1

Gib die fermentierten Haferflocken in ein feines Küchensieb und entferne unter Rühren die überschüssige Flüssigkeit. Ein Löffel hilft dabei. Vermenge die Haferflocken mit allen restlichen Zutaten. Falls die Teigmasse noch zu flüssig ist, gib noch etwas Mehl hinzu.

SCHRITT 2

Erhitze für jeden Pancake ausreichend Olivenöl in einer mittelgroßen Pfanne. Je nach Größe der Pancakes gib 1 bis 2 Esslöffel des Teigs in die Pfanne und backe sie von beiden Seiten goldbraun aus. Serviere die Pancakes mit frischen Früchten, Früchtekompott oder Sirup.

Aus dem Leben

Pancakes wecken Erinnerungen in mir. Erinnerungen an eine Abenteuerreise vor 2 Jahren quer durch Kalifornien. Nachts habe ich in Zelten geschlafen und tagsüber die wilden Nationalparks erkundet. Riesige Wasserfälle, wilde Bären und sogar Schlangen habe ich zu Gesicht bekommen. Für so viel Natur braucht man Energie! Deshalb gab es fast jeden Morgen frische Pancakes. Keine Küche, kein Herd, kein Ofen. Nur ein Feuer und eine Bratpfanne. Das war mein Werkzeug. Mit minimalem Equipment maximalen Geschmack erzielen. Es hat einfach wunderbar geschmeckt! Übrigens, die Pancakes schmecken auch super zu herzhaften Cremes und Dips. Etwas Frischkäse und Schnittlauch oben drauf, fertig.

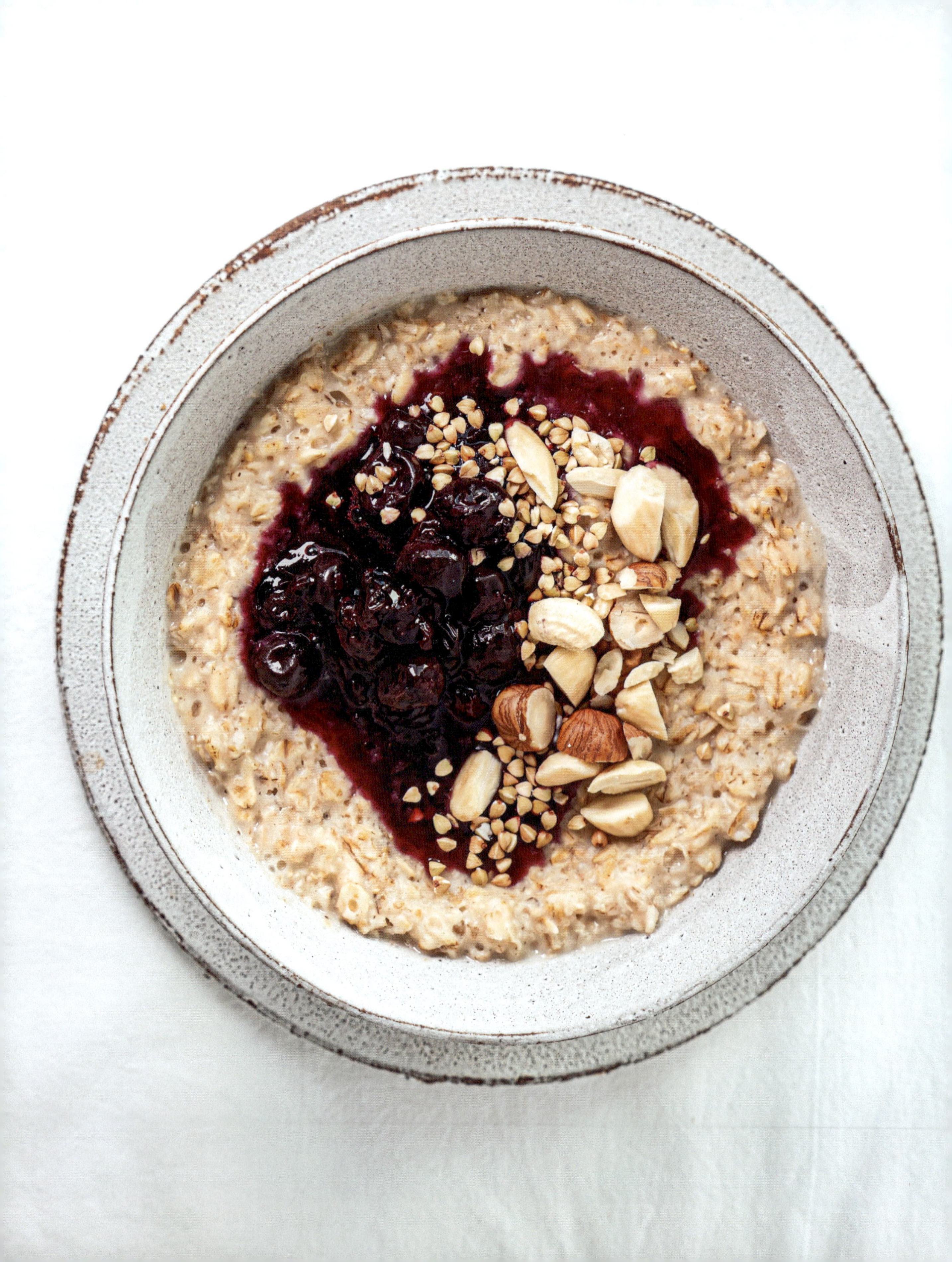

FERMENTIERTES OATMEAL MIT BLAUBEERKOMPOTT

ZUTATEN

HAFERFLOCKEN

Ferm. Haferflocken	100	g
Olivenöl	1-2	TL
Agavensirup	1	TL
Zitronensaft	1	TL
Schale 1/2 Zitrone	1	Stk
Vanilleextrakt	1/2	TL

BLAUBEERKOMPOTT

(Lacto-)Blaubeeren	125	g
Saft 1/2 Zitrone	1	Stk
Schale 1/2 Zitrone	1	Stk
Rohrzucker	10	g
Zimt	1	TL
Speisestärke	1/2	TL

TOPPINGS

Blaubeerkompott	1-2	EL
Buchweizen, ganz	1	TL
Nussmix, zerhackt	1	EL

EQUIPMENT

Kochtopf	1	Stk
Weckglas	1	Stk
Sieb	1	Stk

Tipp

Das Fermentieren von Hafer ist ein spannendes Schauspiel. Spätestens nach einem Tag fangen die kleinen Mikroben an sprudelige Haferflocken zu produzieren. Der Geschmack ist nicht mit einem „normalen" Oatmeal zu vergleichen. Die leichte Säure und das leicht Sprudelige gepaart mit etwas Süße ergeben ein einzigartiges und leckeres Geschmacksbild.

METHODE TOPF

PORTIONEN 4 PORTIONEN

ZUBEREITUNG 20 MINUTEN

SCHWEREGRAD 10 / 4

Bereite einen Kochtopf, ein Küchensieb und ein Weckglas vor.

ANLEITUNG

SCHRITT 1

Bereite zunächst das Blaubeerkompott zu. Gib dazu alle zugehörigen Zutaten außer der Speisestärke in einen Topf. Wer mag, verwendet lactofermentierte (oder frische) Blaubeeren für dieses Rezept. Bring alles zum Kochen.

SCHRITT 2

Löse die Speisestärke nach 4 Minuten köcheln in etwas kaltem Wasser auf und gib es zum Kompott. Unter gelegentlichem Rühren weitere 2 Minuten kochen lassen. Anschließend alles in ein Einmachglas füllen und abkühlen lassen. Nach Belieben verschlossen im Kühlschrank lagern oder direkt weiterverarbeiten.

SCHRITT 3

Siebe die fermentierten Haferflocken in einem feinen Küchensieb ab und entferne ein wenig von der Flüssigkeit. Gib das Oatmeal in eine Schüssel und vermenge alle Zutaten miteinander, sodass eine cremige Masse entsteht.

SCHRITT 4

Für ein warmes Oatmeal, kann man die Haferflocken kurz vorher in einem Topf erwärmen, nur sterben die lebendigen Bakterien bei zu starker Hitze ab. Gib das Blaubeerkompott zum Oatmeal und toppe das Ganze mit Buchweizen und Nüssen.

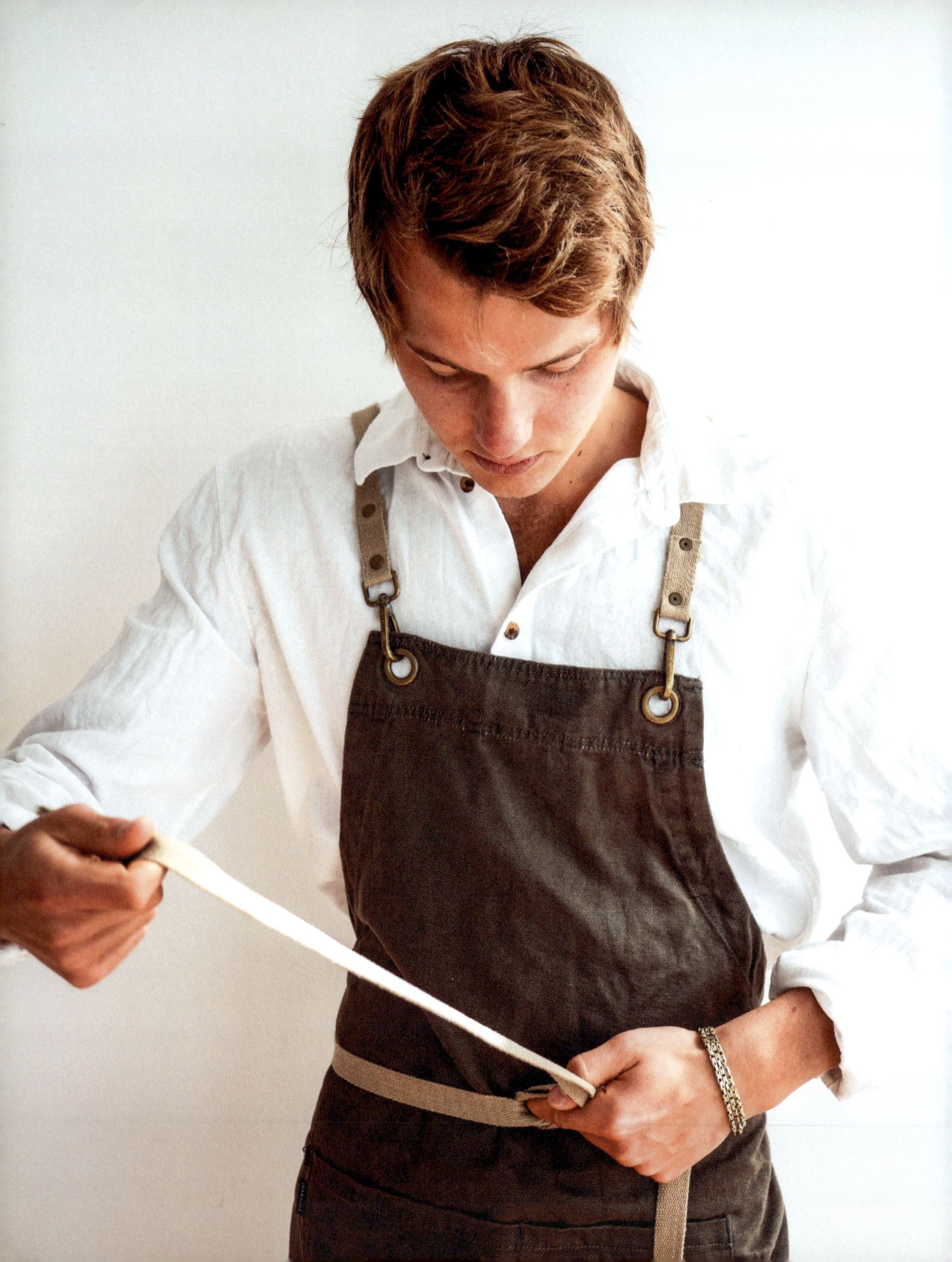

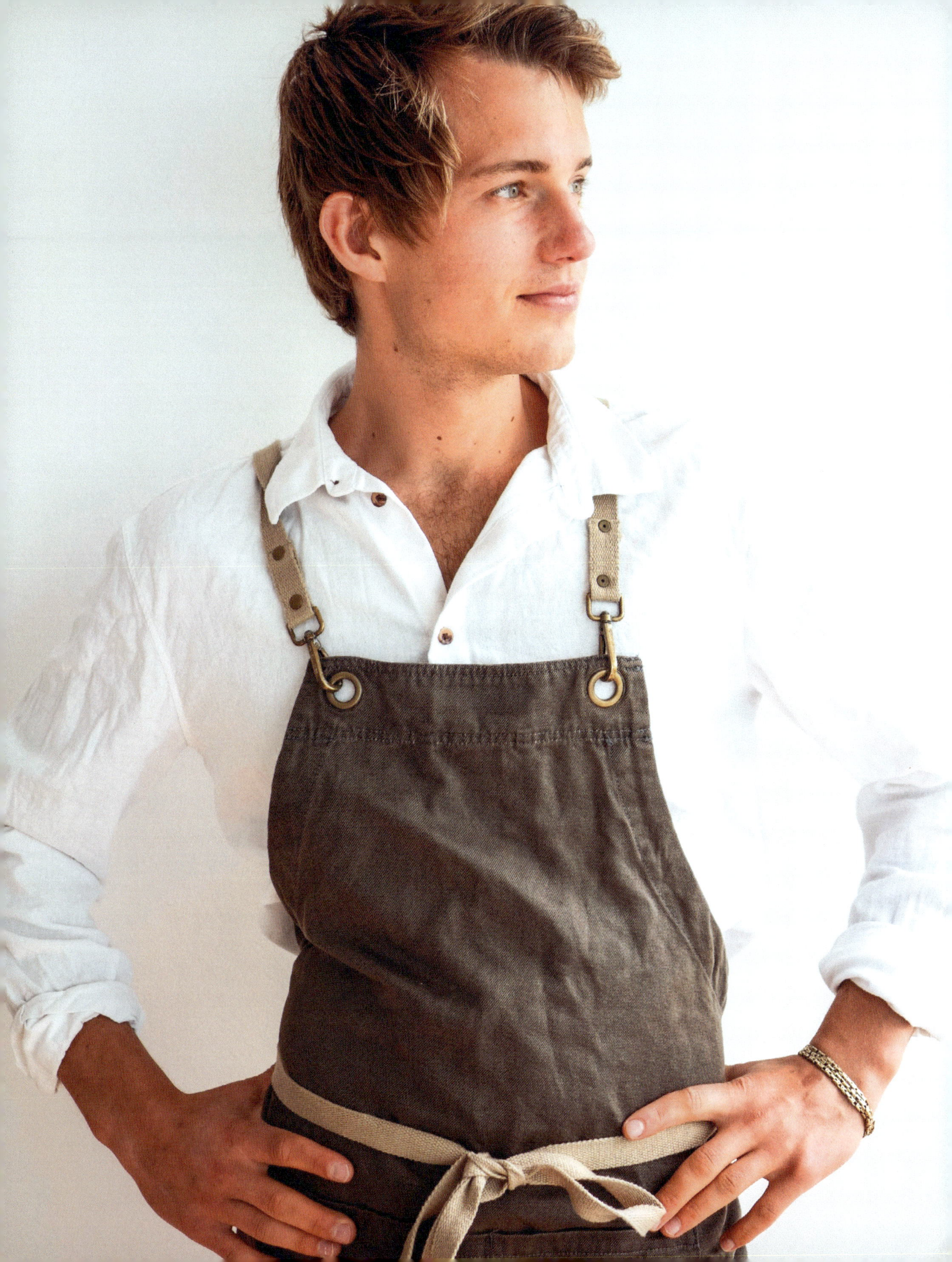

JOGHURTS

CREMIGE VERSUCHUNG

Frischer Joghurt läuft langsam in die graue Tonschale. Warmes knuspriges Granola zerbröselt in der Hand und rieselt mit ein paar süßen Früchten auf den Joghurt. Dekoriert wird das Ganze mit etwas frischer Minze und Gewürzen. So oder so ähnlich kann ein perfekter Morgen aussehen. In den folgenden Rezepten bilden unterschiedliche Joghurtsorten das Fundament für herrliche Bowls, cremige Smoothies und Eiscremes. Der leicht säuerliche Geschmack lässt sich mit süßen Komponenten wie reifen Früchten, Sirups oder knusprigem Granola perfekt kombinieren.

FAST JEDER TAG BEGINNT MIT EINEM FRISCHEN UND CREMIGEN JOGHURT...

Die Joghurtherstellung hat schon eine lange Tradition. Joghurt aus tierischer Milch, gehört zu den ältesten Milchprodukten überhaupt. Unter optimalen Bedingungen ernähren sich kleine Bakterienkulturen vom Zucker in der Milch und produzieren ein saures Milieu. Ähnlich wie bei der vorherigen Lactofermentation. Die Säure sorgt für den typischen Joghurtgeschmack. Ab einem bestimmten Säuregrad verändern sich Proteinstrukturen und somit auch die Konsistenz. Aus flüssig wird cremig. Ein Joghurt entsteht. Für alle, die Milchprodukte ersetzen oder meiden wollen, lässt sich der Fermentationsprozess hervorragend auf pflanzliche Milchalternativen aus Soja, Kokos oder Cashew übertragen. Die Ergebnisse können sich mehr als sehen lassen. Einige Varianten brauchen ein wenig Unterstützung bei der Bildung einer cremig-festen Konsistenz. Abhilfe schaffen dabei Bindemittel wie die Tapiokastärke oder das Agar Agar. Jede Milchalternative hat ihre ganz eigene Charakteristik, weshalb es sich lohnt, jede auszuprobieren. Selbst Joghurt herzustellen hat zahlreiche Vorteile. Viele vegane Joghurtalternativen sind oft ziemlich teuer. Nimmt man die Anschaffung der Starterkulturen außen vor, muss man bei der eigenen Joghurtproduktion lediglich die Pflanzenmilch kaufen. Bei der Herstellung zu Hause, kann man selber entscheiden, wie das Endprodukt aussehen soll und schmeckt. Ob sauer oder süß, ob flüssig oder fest. Man kann sich seinen ganz eigenen Lieblingsjoghurt kreieren und das ganz ohne Zusatzstoffe und Aromen! In vielen fermentierten Supermarktprodukten sind Bakterien abgestorben. Der fertig fermentierte Joghurt hingegen enthält reichlich lebendige Bakterien, die sich für unsere Gesundheit positiv auswirken können. Deshalb reicht es, nur ein wenig des letzten Joghurts für die nächste Joghurt-Herstellung aufzubewahren und den neuen Ansatz damit zu injezieren. Schnell fühlen sich die kleinen Mikroben pudelwohl und vermehren sich rasch.

DIE LEICHTE SÄURE DES JOGHURTS PASST SUPER ZU FRISCHEN FRÜCHTEN UND KNUSPRIG GEBACKENEM GRANOLA. GAUMENFREUDE.

KOKOSJOGHURT

FERMENTIERT

KOKOSJOGHURT

FERMENTATION
12 STUNDEN

TEMPERATUR
22-24 C

ZUBEREITUNG
15 MINUTEN

SCHWEREGRAD
10 / 3

ZUTATEN

Vollfett Kokosmilch	800 ml
Agavensirup	1 EL
Joghurtferment	5 g
Agar Agar	1,5 TL

EQUIPMENT

Kochtopf	1 Stk
Schneebesen	1 Stk
Holzlöffel	1 Stk
Einmachglas (1 l)	1 Stk
Zellstofftuch	1 Stk

Bereite einen Kochtopf und Schneebesen vor.
Separiere 200 ml und 600 ml Kokosmilch.

ANLEITUNG

SCHRITT 1

Koche 200 ml Kokosmilch mit dem Agavensirup und 1,5 Teelöffel Agar Agar für 2 Minuten in einem Topf auf. Rühre alles mit einem Schneebesen durch, damit sich die Zutaten verbinden. Ist der andere Teil der Kokosmilch (600 ml) kalt, beschleunigt es das Abkühlen. Gib die warme Kokosmilch zur kalten Kokosmilch. Beides miteinander vermengen. Lass die Kokosmilch handwarm abkühlen.

SCHRITT 2

Vermische das Joghurtferment oder 1 EL des letzten Kokosjoghurts mit der abgekühlten Kokosmilch. Achte beim Vermengen des Joghurtferments darauf, dass es Stück für Stück in den Joghurt eingerührt wird, da es sonst verklumpt. Fülle die Kokosmilch-Mischung in ein Einmachglas und decke die Öffnung mit einem Zellstofftuch ab. Zum Fixieren benutze ein Gummiband.

SCHRITT 3

Lass den Joghurt für ca. 12 Stunden an einem warmen dunklen Ort fermentieren. Je länger die Fermentationszeit dauert, desto säuerlich aromatischer schmeckt er. Rühre nach Ende der Fermentationszeit den Joghurt mit einem Holzlöffel durch und stelle ihn anschließend in den Kühlschrank. Falls sich beim Durchrühren kleine Klumpen (wegen des Bindemittels) bilden, kann man den Joghurt mit einem Pürierstab kurz cremig mixen. Verbrauche den Joghurt innerhalb der nächsten 5 bis 7 Tage und bewahre mindestens 1 EL Kokosjoghurt für die nächste Joghurtherstellung auf.

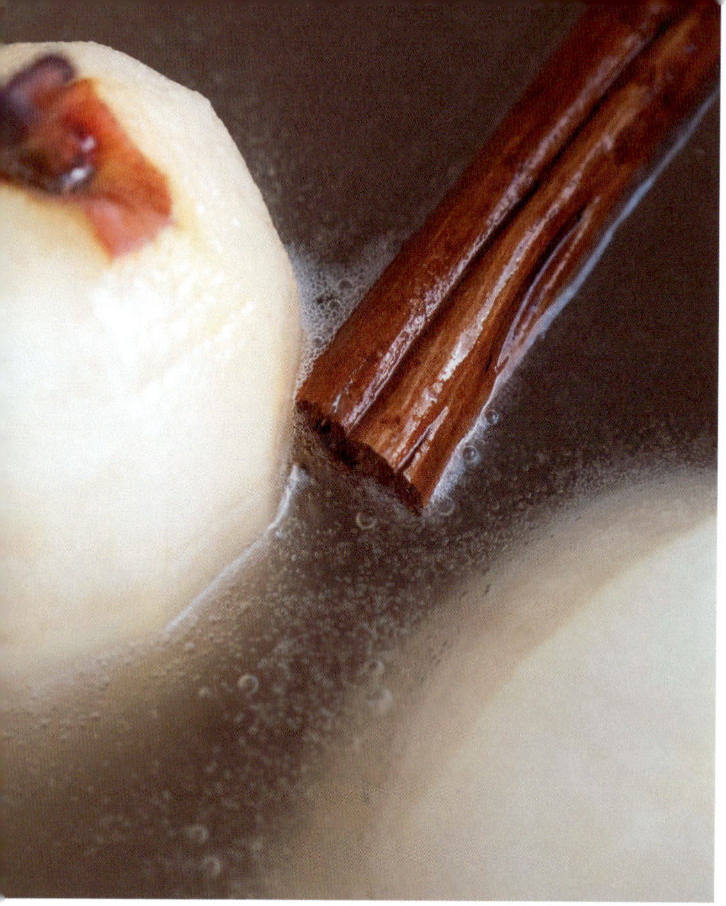
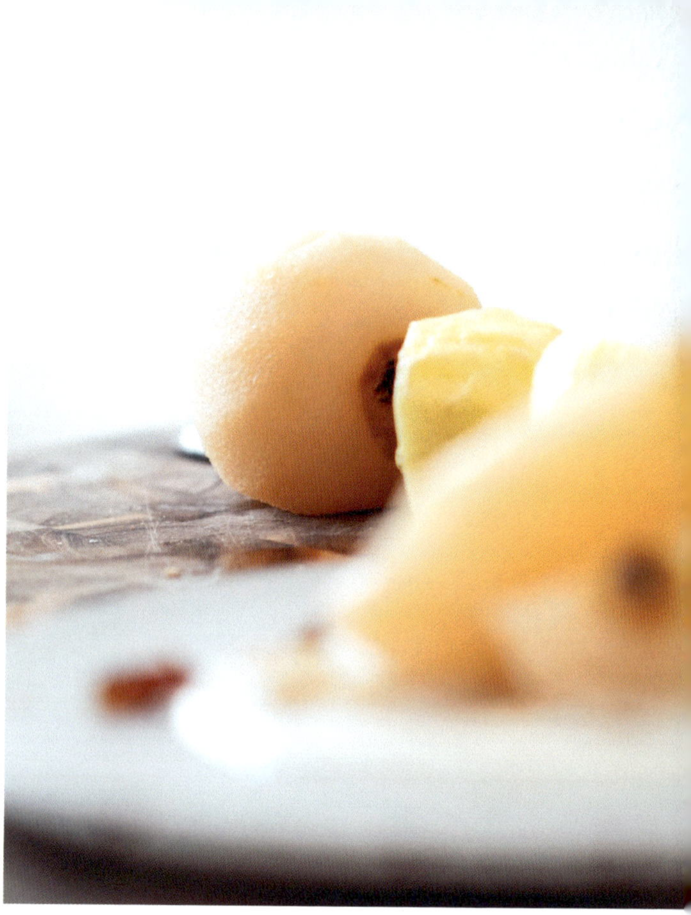
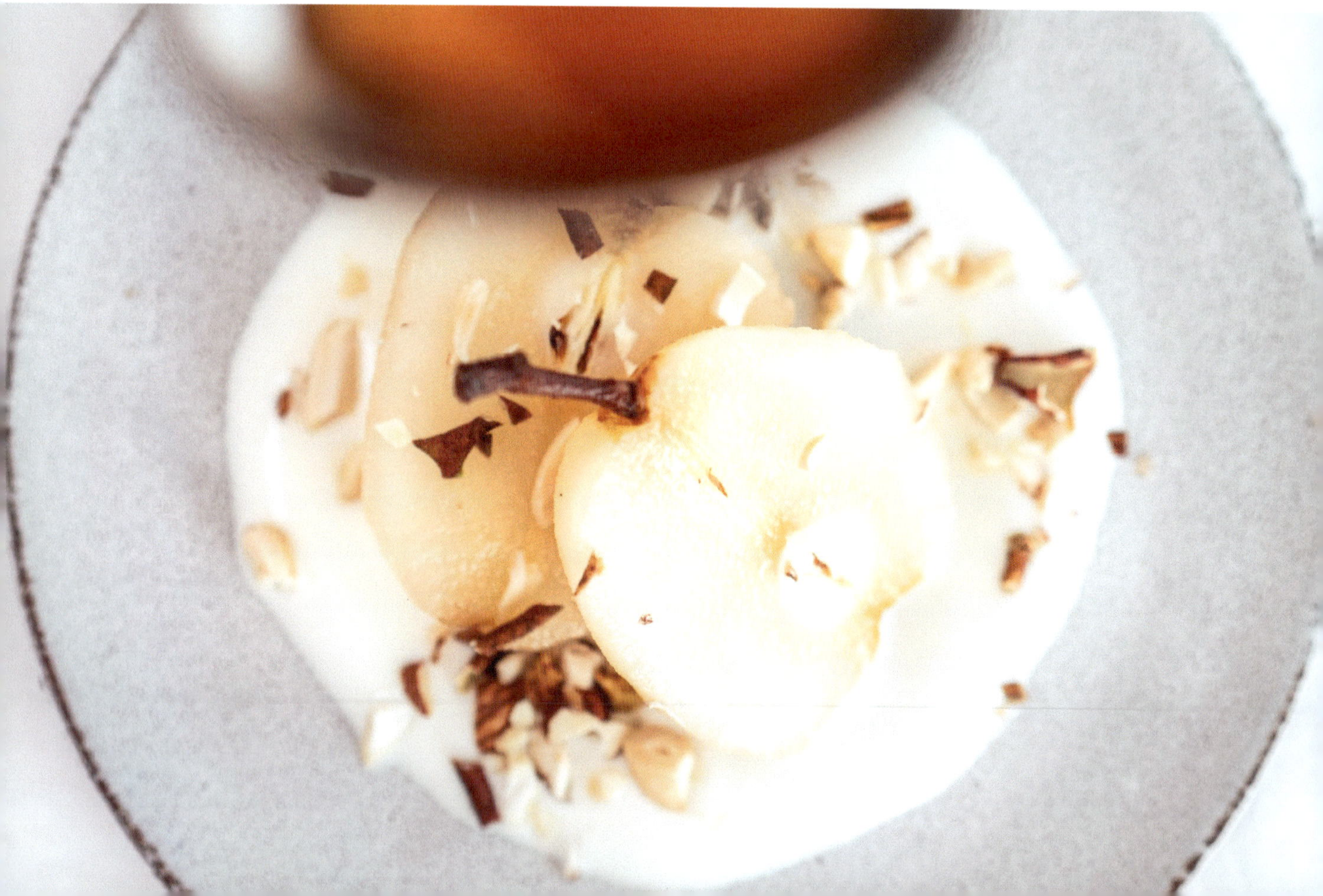

KOMBUCHA-BIRNEN MIT BIRNEN-NUSS CRISP

METHODE
TOPF

PORTIONEN
2 PORTIONEN

ZUBEREITUNG
50 MINUTEN

SCHWEREGRAD
10 / 5

ZUTATEN

Fertiger Kombucha	600	ml
Birnen	2	Stk
Zimtstange	1	Stk
Sternanis	2	Stk
Kokosjoghurt	8	EL
Nüsse	25	g

EQUIPMENT

Sparschäler	1	Stk
Mittelgroßer Topf	1	Stk
Scharfes Messer	1	Stk
Teller/Schüsseln	2	Stk

Heize einen Ofen auf 50 Grad vor. Stelle ein Ofengitter, einen Sparschäler und einen mittelgroßen Kochtopf bereit.

ANLEITUNG

SCHRITT 1

Schäle die Birnen und gib die Schale auf ein Ofengitter. Schiebe das Gitter in den Ofen und lass einen kleinen Spalt offen, sodass die Feuchtigkeit entweichen kann. Stecke dafür ein Tuch zwischen Klappe und Ofen. Dörre die Schale bei 50 Grad für ca. 2 Stunden.

SCHRITT 2

Fülle den Kombucha in einen mittelgroßen Topf. Gib die Birnen, Gewürze und den Rohrzucker in den Topf. Koche das Ganze für etwa 20 Minuten. Sind die Birnen groß, dauert der Kochvorgang länger. Nimm sie anschließend aus dem Topf und lass sie auskühlen.

SCHRITT 3

Nimm die Zimtstange und den Sternanis heraus und koche den Kombucha für weitere 15 bis 20 Minuten bei hoher Hitze. Reduziere die Flüssigkeit solange ein, bis sie braun und sirupartig wird. Bewahre den Kombucha-Sirup für später auf.

SCHRITT 4

Verteile den Kokosjoghurt auf zwei Teller oder Schüsseln. Zerhacke die Nüsse mit der Birnenschale und gib alles über den Joghurt. Schneide die Birnen in zwei Hälften oder mundgerechte Stücke. Gib sie zum Joghurt und übergieße alles mit dem Kombucha Sirup.

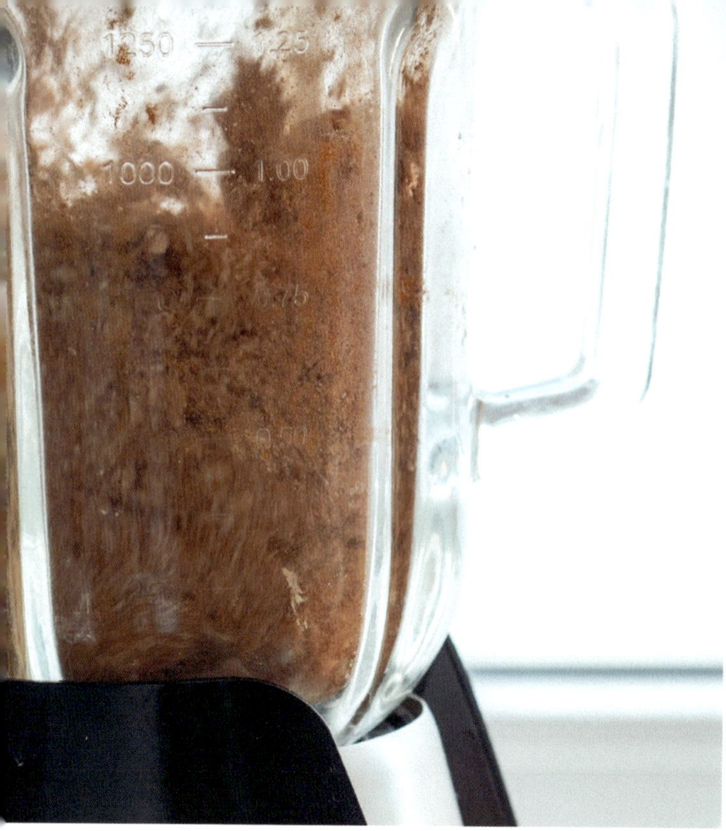
1250
1000
1.00

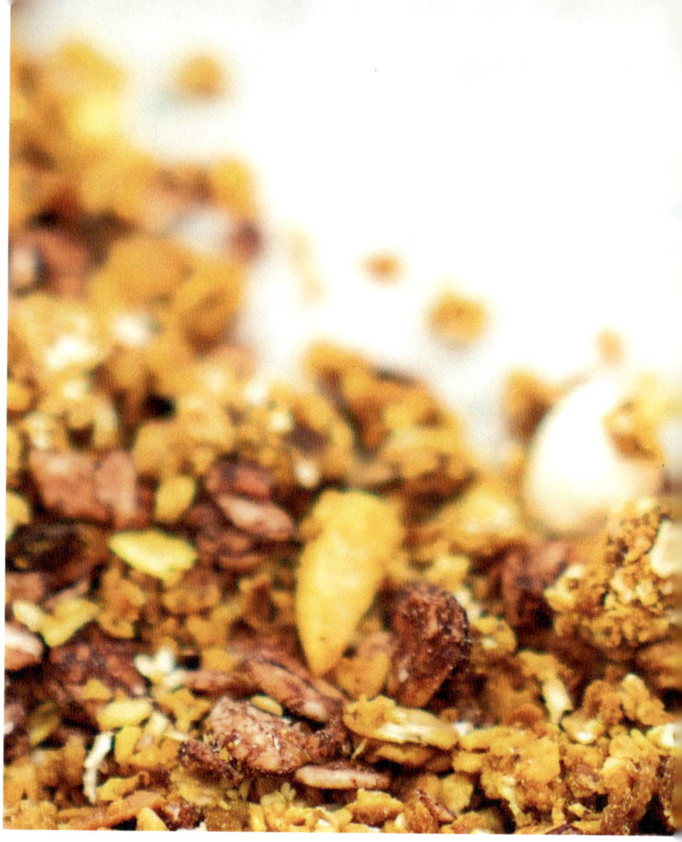

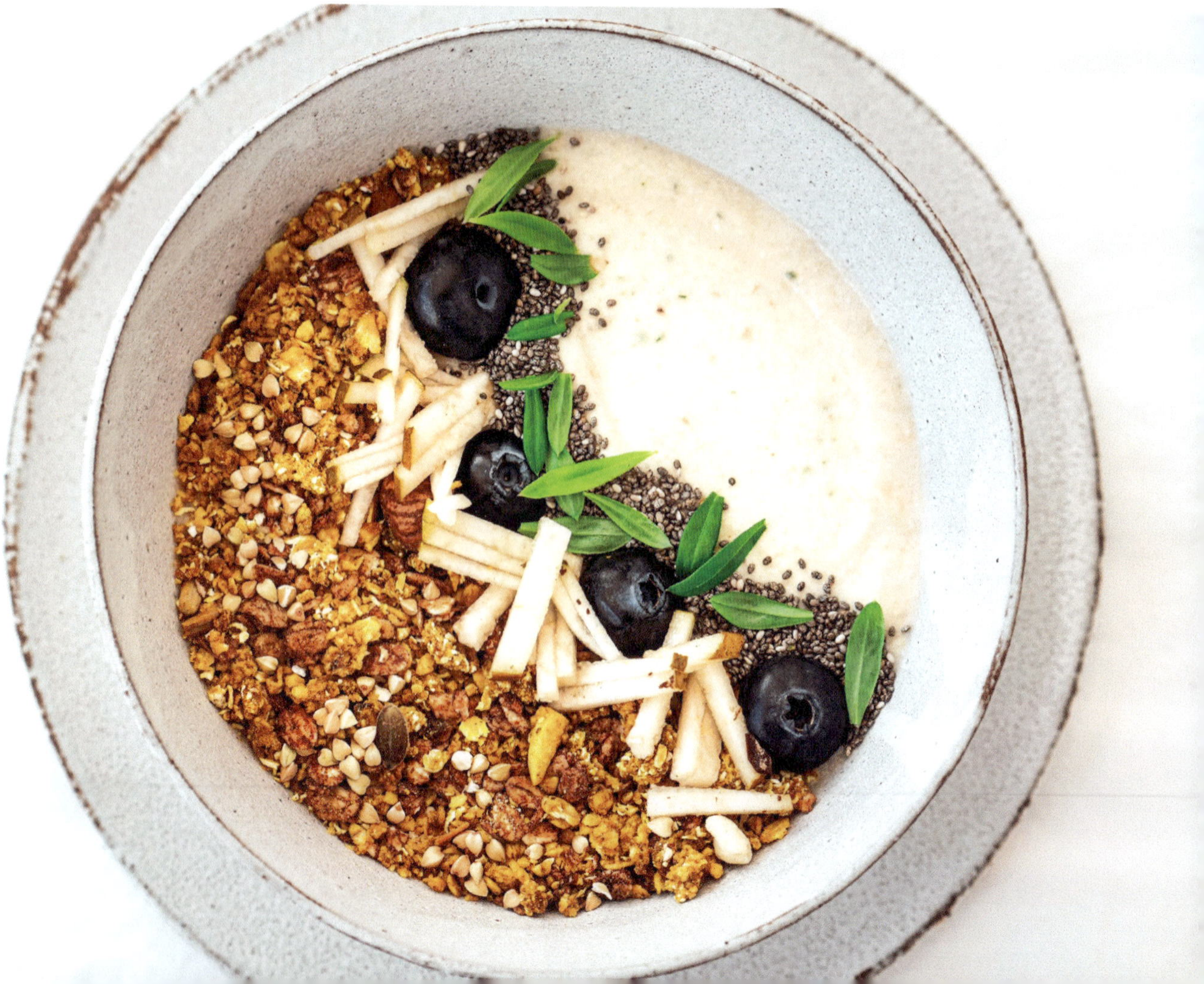

APFEL SALBEI SMOOTHIE BOWL
MIT BLAUBEEREN UND CHIASAMEN

METHODE — MIXER

PORTIONEN — 1 PORTION

ZUBEREITUNG — 10 MINUTEN

SCHWEREGRAD — 10 / 2

ZUTATEN

Großer reifer Apfel	1 Stk
Banane, gefroren	1 Stk
Fertiger Kombucha	100 ml
Kokosjoghurt	50 g
Salbeiblätter	4-5 Stk
Vanilleextrakt	1/2 TL

EQUIPMENT

Scharfes Messer	1 Stk
Standmixer	1 Stk
Schüssel	1 Stk

TOPPINGS

Granola, Chiapudding (S. 19), Frische Blaubeeren

Stelle zunächst einen Apfel und ein scharfes Messer bereit.

ANLEITUNG

SCHRITT 1

Bevor alle Zutaten miteinander gemixt werden, entferne den Stiel und das Kerngehäuse des Apfels. Schneide den Apfel mit einem scharfen Messer in kleine mundgerechte Stücke. Dadurch können die Rotiermesser die Frucht besser greifen. Je nach Reifegrad der Früchte kann man die Bowl mit einem Teelöffel Sirup nachsüßen.

SCHRITT 2

Mixe alle Zutaten in einem Standmixer zu einer cremigen homogenen Masse. Gib den Smoothie in eine Schüssel und toppe die Bowl mit Granola, frischen Blaubeeren oder Chiapudding. Die Bowl kann man auch in einen leckeren und cremigen Smoothie verwandeln. Erhöhe dafür einfach die Menge an Kombucha oder Joghurt.

Aus dem Leben

Die Liebe zu hübsch dekorierten Smoothie Bowls begann während meiner Reise in Australien. Mein erster Job war in einem kleinen Superfood-Café, wo ich jeden Morgen Menschen mit wichtigen Nährstoffen und Vitaminen versorgt habe. Aus Deutschland kommend, war es faszinierend exotische Früchte und Lebensmittel in leckere Frühstücksgerichte zu verwandeln. Smoothie Bowls vereinen all das Gute von Früchten, Nüssen und Gewürzen. Es müssen aber nicht immer tropische Früchte sein, denn der heimische Garten hat auch viel zu bieten.

CASHEWJOGHURT

FERMENTIERT

CASHEWJOGHURT

FERMENTATION
12 STUNDEN

TEMPERATUR
22-24 C

ZUBEREITUNG
15 MINUTEN

SCHWEREGRAD
10 / 3

ZUTATEN

Cashews	200	g
Wasser	200	ml
Zitronensaft	1	EL
Joghurtferment	5	g

EQUIPMENT

Einmachglas (1 l)	1	Stk
Standmixer	1	Stk
Holzlöffel	1	Stk
Zellstofftuch	1	Stk

0 Stunden

4 Stunden

Weiche die Cashews in lauwarmem Wasser für mindestens 4 Stunden ein.

ANLEITUNG

SCHRITT 1

Gib die weichen Cashews in ein Sieb und spüle sie mit kaltem Wasser ab. Püriere die Cashews in einem Standmixer mit 200 ml Wasser und Zitronensaft zu einer glatten Cashewcreme. Gib die Creme in ein Einmachglas und rühre das Joghurtferment oder 1 EL des letzten Cashewjoghurts mit einem Holzlöffel ein.

SCHRITT 2

Decke die Öffnung des Behälters mit einem Zellstofftuch ab. Zum Fixieren benutze ein Gummiband. Lass den Joghurt an einem warmen dunklen Ort für ca. 12 Stunden reifen. Der Joghurt sollte die ganze Zeit ruhig stehen. Je länger die Fermentationszeit dauert, desto säuerlich aromatischer schmeckt er.

SCHRITT 3

Bewahre den Joghurt verschlossen im Kühlschrank auf. Wer es süß mag, fügt noch ein wenig Sirup und Vanille hinzu. Der Cashewjoghurt sollte innerhalb der nächsten Woche gegessen werden. Bewahre mindestens 1 EL Cashewjoghurt für die nächste Joghurtherstellung auf.

Know how

Mit einem Cashewjoghurt kommt man in den vollen Genuss der Vital- und Nährstoffe von Cashews. Die Nüsse sind mit 18 g Protein auf 100 g wahre Proteinbomben. Sie sind reich an guten Fettsäuren, die regulierend auf den Cholesterinspiegel wirken und das Herz-Kreislauf-System fördern. Durch die Zugabe des Joghurtferments (erhältlich z. B. im Reformhaus), kommt man zusätzlich in den Genuss weiterer gesundheitspositiver Wirkungen.

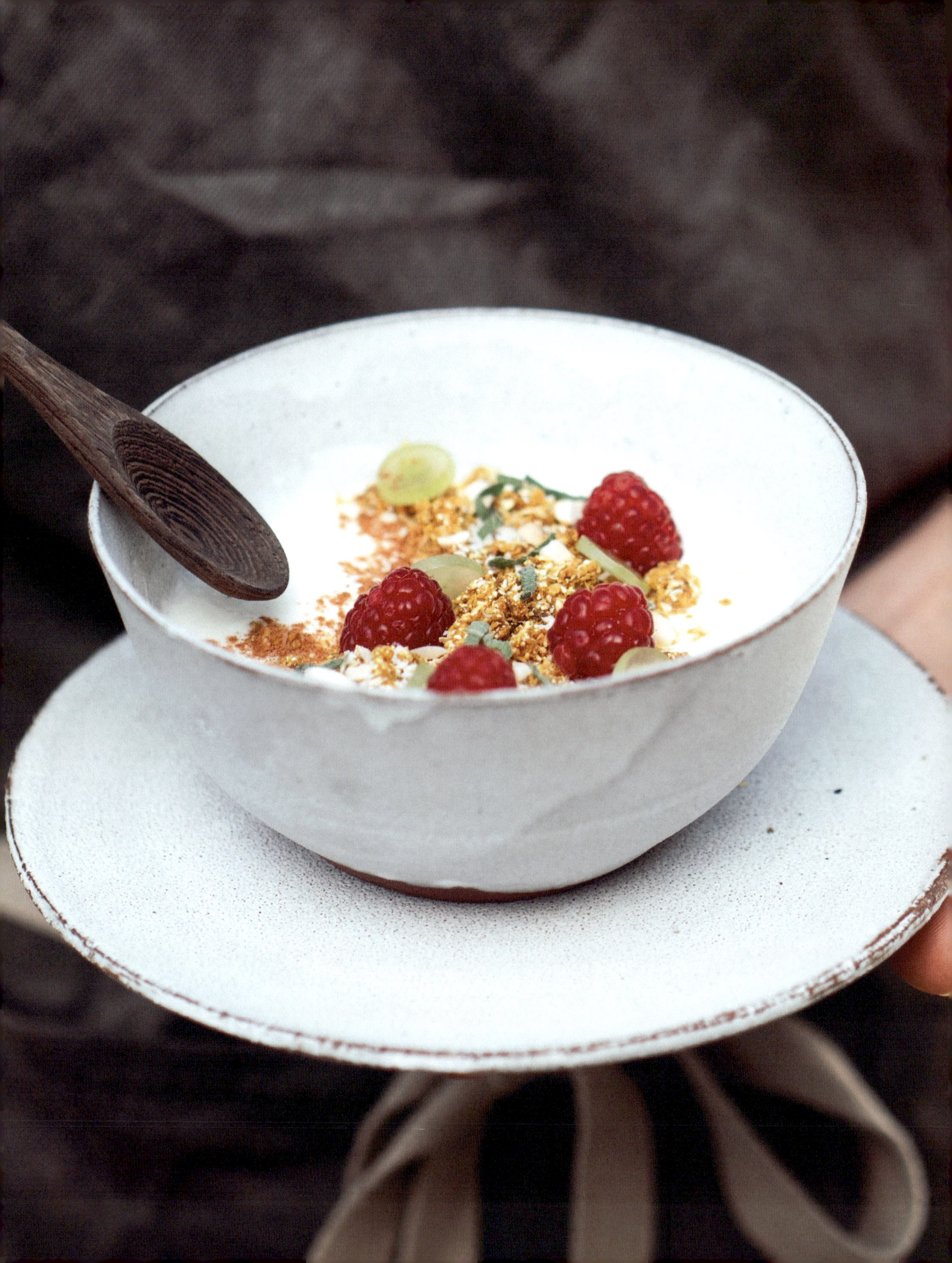

KURKUMA RAWNOLA MIT CASHEWJOGHURT

METHODE
MIXER

PORTIONEN
6-8 PORTIONEN

ZUBEREITUNG
10 MINUTEN

SCHWEREGRAD
10 / 2

ZUTATEN

Soft-Datteln	60	g
Haferflocken	50	g
Kokosraspel	2	EL
Kokos-/Olivenöl	1	EL
Kurkuma	2	TL
Zimt	1	TL
Cashewjoghurt	4-5	EL

EQUIPMENT

Standmixer	1	Stk

Bereite einen Standmixer und alle Zutaten vor.

ANLEITUNG

SCHRITT 1

Gib alle Zutaten des Rawnolas in einen Mixer. Alles kurz pulsartig durchmixen. Es sollte anschließend leicht klumpig sein. Falls das Rawnola noch zu trocken ist, mit etwas Wasser nachhelfen. Das Rawnola ergibt ca. 6 bis 8 Portionen. Fülle es in einen Behälter und bewahre es verschlossen im Kühlschrank auf.

SCHRITT 2

Zum Servieren einer Portion, gib 4 bis 5 EL des fertig fermentierten Cashewjoghurts in eine Schüssel und füge ca. 3 EL von dem Rawnola hinzu. Wer mag, fügt noch eine Prise Pfeffer bei. Das im Pfeffer enthaltene Piperin erhöht die Bioverfügbarkeit von Kurkuma. Dekoriere das Ganze mit frischen Früchten und Nüssen.

Aus dem Leben

Das Rawnola-Rezept hat eine Geschichte. Anstatt sich zu langweilen, wollte ich mir zum Ende der Australien-Zeit ein paar Groschen dazuverdienen. Viele werden mich jetzt für verrückt halten. „Ab auf Straße!", hieß es. Einen Campingtisch, Verpackungstüten und eine Musikbox für gute Stimmung. Und dann stand ich da. An der Bushaltestelle habe ich morgens selbstgemachte Energyballs und Granola verkauft, und es lief! Eines der Kreationen war genau dieses Kurkuma-Rawnola. Zwar nicht als Rawnola, sondern als Energyballs trug es den Namen „Turmeric-Tim".

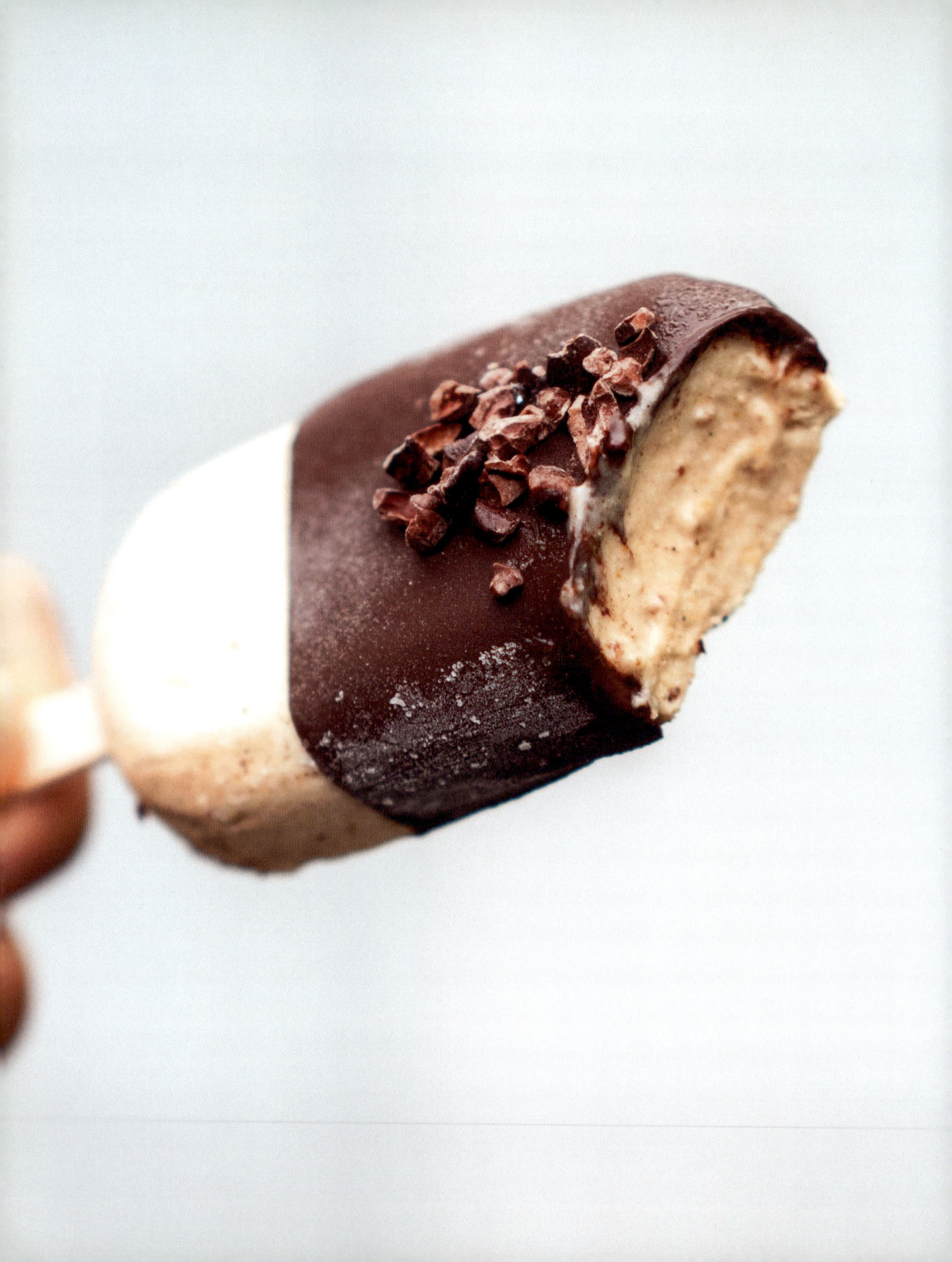

BANOFFEE POPSICLES MIT TAHINI

ZUTATEN

BANOFFEE-CREME

Reife Banane	1	Stk
Cashewjoghuurt	80	g
Vollfett Kokosmilch	150	ml
Kokosöl, flüssig	2	EL
Agavensirup	2	EL
Datteln, entsteint	4	Stk
Tahini	3	EL
Zimt	2	TL
Prise Meersalz	1	Stk

GLASUR

Vegane Schokolade	125	g
Kokosöl, flüssig	2	EL

EQUIPMENT

Standmixer	1	Stk
Eisformen und Stiele	1	Stk
Schüssel	1	Stk
Topf	1	Stk
Schmales Glas	1	Stk
Folie	1	Stk

Tipp

Die Posicles kann man auch in leckere Banoffee-Cakes verwandeln. Dazu paart man den Nussboden aus dem Raw Cake Rezept in diesem Buch mit der Banoffee-Creme. Nimm die 1,5-fache Menge an Zutaten vom Nussboden und gib sie in ca. 6 bis 8 kleine Muffinformen. Das Ganze mit der Creme befüllen und für 1 Stunde ins Gefrierfach stellen. Schmelze 50 Gramm vegane Schokolade mit 1 Esslöffel Kokosöl und gib eine dünne Schicht davon auf die Kuchen. Das Ganze kann man Toppen mit geröstetem Sesam.

METHODE
MIXER

PORTIONEN
4 PORTIONEN

ZUBEREITUNG
25 MINUTEN

SCHWEREGRAD
10 / 4

Bereite zunächst einen Standmixer und alle Zutaten der Banoffee-Creme vor.

ANLEITUNG

SCHRITT 1

Gib alle Zutaten der Banoffee-Creme in einen Mixer und püriere alles zu einer glatten Masse. Fülle die Creme in Eisformen und schiebe jeweils einen Holzstiel hinein. Stelle die Popsicles für mindestens 2 Stunden ins Gefrierfach.

SCHRITT 2

Für die Glasur schmelze die Schokolade mit dem Kokosöl in einer Schüssel über einem Wasserbad. Lass die Schokolade ein wenig abkühlen und fülle sie in ein schmales Glas. Lege ein Abtropfgitter oder eine Frischhaltefolie bereit und löse das Eis vorsichtig aus den Formen.

SCHRITT 3

Tauche das Eis kurz zu 2/3 in die Schokolade und lege es auf der Folie zum Härten ab. Wer es mag, kann unmittelbar nach dem Eintauchen die Popsicles mit leckeren Toppings verzieren. Den Rest der Schokolade kann man für weitere Experimente verwenden. Hier zu passen Meersalz, Kakaonibs oder gerösteter Sesam. Lagere das Eis im Gefrierfach.

SOJAJOGHURT

FERMENTIERT

SOJAJOGHURT

FERMENTATION
12 STUNDEN

TEMPERATUR
22-24 C

ZUBEREITUNG
15 MINUTEN

SCHWEREGRAD
10 / 3

ZUTATEN

Sojamilch	900 ml
Joghurtferment	5 g

EQUIPMENT

Einmachglas (1 l)	1	Stk
Holzlöffel	1	Stk
Zellstofftuch	1	Stk
Nussmilchbeutel	1	Stk

0 Stunden

12 Stunden

Bereite ein sauberes Einmachglas, einen Holzlöffel und ein Zellstofftuch vor.

ANLEITUNG

SCHRITT 1

Gib die Sojamilch in ein sauberes Einmachglas. Vermenge das Joghurtferment stückweise mit der Sojamilch, bis es sich aufgelöst hat. Benutze dafür einen Holzlöffel. Decke die Öffnung des Einmachglases mit einem Zellstofftuch und Gummiband ab.

SCHRITT 2

Lass den Joghurt an einem warmen Ort für ca. 12 Stunden fermentieren. Der Joghurt sollte die ganze Zeit ruhig stehen. Je nach Festigkeit und Säure, kann man den Joghurt länger oder kürzer stehen lassen.

SCHRITT 3

Verschließe nach der Fermentation das Gefäß und bewahre den Joghurt im Kühlschrank auf. Für mehr Süße füge auch hier ein wenig Sirup und Vanille hinzu. Der Sojajoghurt sollte innerhalb der nächsten 5 bis 7 Tage gegessen werden. Bewahre mindestens 1 EL Sojajoghurt auf und verwende es als Starterkultur für die nächste Joghurtherstellung.

Tipp

Wer eine festere Konsistenz bevorzugt, kann genauso vorgehen wie beim Kokosjoghurt und vorher mit Bindemitteln (z. B. Agar Agar) arbeiten. Beim Agar Agar habe ich mit unterschiedlichen Herstellern unterschiedliche Ergebnisse erzielt. Deshalb muss man bei der Menge ein wenig herumprobieren. Generell kann man sich an die vorgegebene Menge aus dem Kokosjoghurt-Rezept halten.

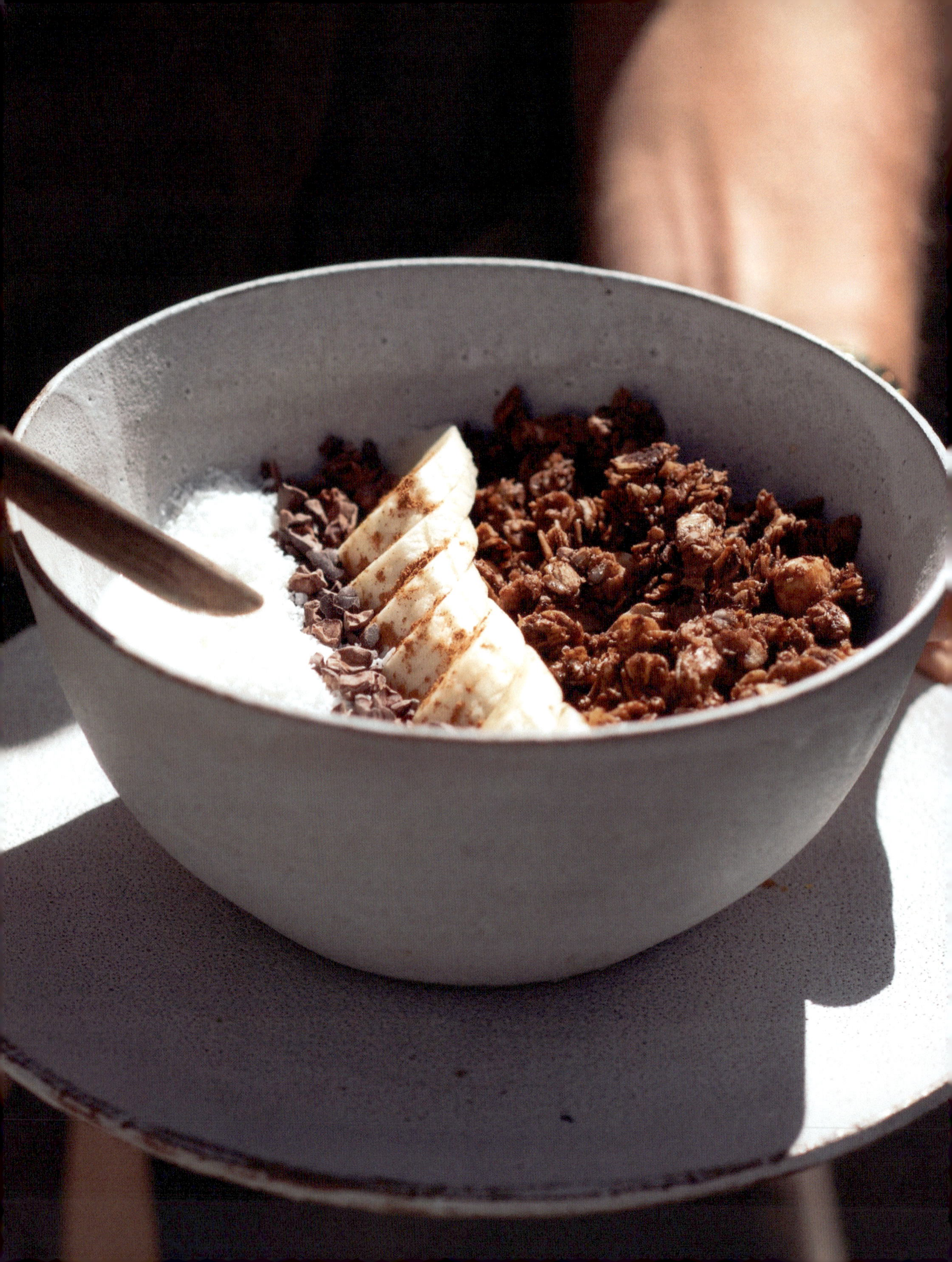

ESPRESSO GRANOLA MIT SOJAJOGHURT

METHODE — OFEN
PORTIONEN — 8 PORTIONEN
ZUBEREITUNG — 45 MINUTEN
SCHWEREGRAD — 10 / 4

ZUTATEN

Kaffeesirup	5	EL
Haferflocken, kernig	240	g
Kokosöl, flüssig	6	EL
Kakao	3	EL
Meersalz	1	TL
Nussmix	30	g
Sojajoghurt	4-5	EL

KAFFEESIRUP

Starker Kaffee	300	ml
Puderzucker	200	g

EQUIPMENT

Rührschüssel	1	Stk
Backblech (20x25cm)	1	Stk
Backpapier	1	Stk
Kochtopf	1	Stk

Heize den Ofen bei 180 Grad vor. Stelle alle Zutaten und einen Topf bereit.

ANLEITUNG

SCHRITT 1

Bereite zunächst den Sirup vor. Dafür den Kaffee und den Puderzucker in einem Topf 10 Minuten köcheln bis eine sirupartige Konsistenz erreicht ist. Diesen anschließend abkühlen lassen.

SCHRITT 2

Alle Zutaten des Granolas außer des Joghurts in einer großen Schüssel vermengen und gleichmäßig auf einem Backblech mit Backpapier verteilen. Die Schicht sollte ca. 1,5 cm dick sein.

SCHRITT 3

Das Ganze 15 Minuten auf mittlerer Schiene bei 180 Grad, Ober- und Unterhitze, backen. Das Granola abkühlen lassen. Zum Servieren einer Portion, fülle den Sojajoghurt in eine Schüssel und gib ca. 3 EL des Granolas hinzu. Das Granola reicht für ca. 8 Portionen. Bewahre den Rest des Granolas verschlossen und trocken gelagert auf. Zu der Bowl passen reife Bananen, gemahlener Zimt und Kokosflocken.

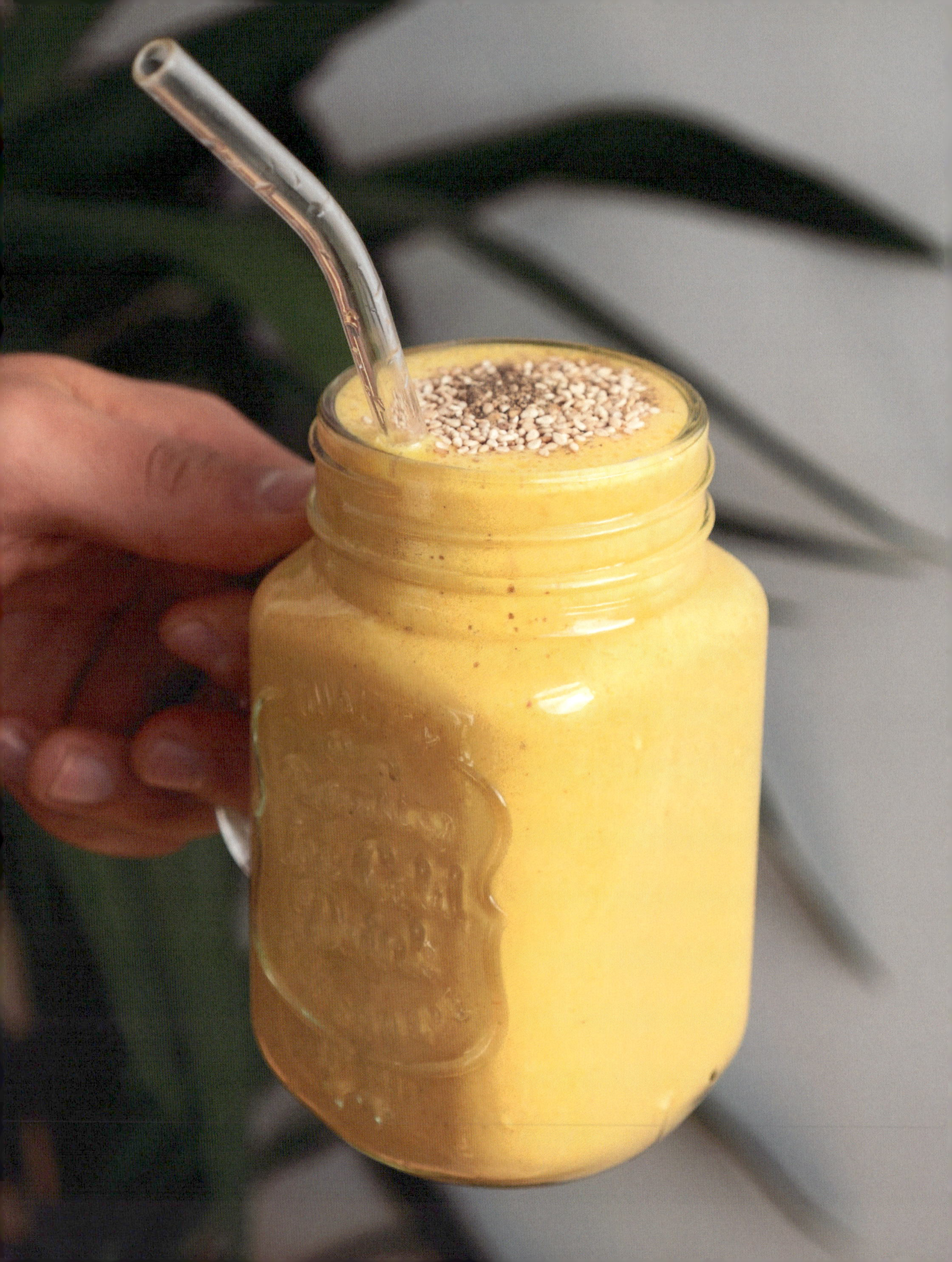

GOLDENER PROTEIN SMOOTHIE MIT KURKUMA UND RAS EL HANOUT

METHODE
MIXER

PORTIONEN
2 PORTIONEN

ZUBEREITUNG
5 MINUTEN

SCHWEREGRAD
10 / 2

ZUTATEN

Pflanzenmilch	500	ml
Sojajoghurt	2	EL
Bananen, gefroren	2	Stk
Kichererbsen, gekocht	60	g
Soft-Datteln	4	Stk
Tahini/Mandelmus	2	EL
Zimt	2	TL
Kurkuma	2	TL
Ras El Hanout	2	TL

EQUIPMENT

Standmixer	1	Stk

Bereite einen Standmixer und alle Zutaten vor.

ANLEITUNG

SCHRITT 1

Gib alle Zutaten in einen Standmixer und püriere solange, bis sich die Zutaten zu einer cremigen Masse verbunden haben. Serviere den Smoothie in einem Smoothieglas mit Strohhalm. Als Toppings passen Sesam und Zimt.

SCHRITT 2

Das Ganze kann man auch in eine leckere Smoothie Bowl verwandeln. Für mehr Cremigkeit mehr Banane verwenden. Den Smoothie einfach in eine Schüssel geben und mit frischen Früchten, dem Lieblingsgranola sowie Nüssen toppen.

Aus dem Leben

Mit rund 20 g Eiweiß auf 100 g sind Kichererbsen ein richtiges Powerfood. Für mich als Sportler sind hochwertige Proteine wichtig, weil sie mich beim Muskelaufbau und bei der Muskelregeneration unterstützen. Die vielen Ballaststoffe der Hülsenfrucht können zu unserer Darmgesundheit beitragen und fördern das Sättigungsgefühl. Zusätzlich hilft der niedrige glykämische Index für eine gleichmäßige Energiezufuhr über den Tag.

GETRÄNKE

VOLLER LEBEN

„Der Typ hat 'nen Knall!", werden sich meine Nachbarn gedacht haben. Meine Hand wanderte vorsichtig und langsam in Richtung Glasflasche des fermentierten Wasserkefirs. Es war die Ruhe vor dem Sturm. Mit einer kleinen Daumenbewegung öffnete ich den Bügelverschluss. Ein lautes Knallen und es sprudelte in alle Richtungen. Das Lustige war, dass wir die Szene zuerst in meinem Zimmer fotografieren wollten. Mein Freund und Fotograf hatte mich vorsichtig darauf hingewiesen, es vielleicht doch lieber im Freien zu öffnen. Ich danke ihm dafür an dieser Stelle! Ich glaube, ich hätte mein gesamtes Zimmer neu renovieren können. Besonders nach dem Rote Beete Kefir (auf der nächsten Seite zu sehen), den ich zum nachhaltigsten Getränk getauft hätte. Zum nachhaltigsten Getränk an meinen weißen Wänden und dem gesamten Mobiliar.

Fermentierte Getränke sind etwas unglaublich Faszinierendes! Kombucha, Wasserkefir oder fermentierte Limonaden. Jedes Getränk ist auf seine eigene Art besonders. An warmen Sommertagen sind sie eine herrlich spritzige Erfrischung. Mit wärmenden Gewürzen wie Zimt und Ingwer macht man sie „winterfest" für kältere Monate. Fermentierte Getränke sind vielseitig einsetzbar. Ob zum Pochieren von Früchten, dem Herstellen von cremigen Smoothies oder um Haferflocken lebendig sprudelig zu machen. Sie bieten uns ein riesengroßes Repertoire an Möglichkeiten. Wenn man auf die folgenden Rezepte schaut, kann man in puncto Zuckermenge einen leichten Schrecken bekommen. Doch keine Sorge, denn während der Fermentationszeit wird eben dieser Zucker von Hefen und Bakterien abgebaut und verwertet. Im Endprodukt ist davon nicht mehr viel zu sehen. Wie in den vorherigen Experimenten beschrieben, stellt der Zucker die Nahrungsgrundlage für die kleinen Mikroben dar. Dadurch können sie wachsen, gedeihen und es entstehen sogar kleine Babys. Als Alternative zur heimischen Herstellung gibt es in vielen Supermärkten mittlerweile Kombuchas und andere fermentierte Getränke zu kaufen. Wie bereits erwähnt, werden durch Filterungs- und Pasteurisierungsverfahren auch die Getränke haltbarer und massentauglich gemacht. Ich empfehle beim Kauf darauf zu achten, dass die Getränke immer noch lebendig sind. Dadurch stellt man sicher, dass die Mikroben in unseren Körper wandern, uns mit wertvollen Vitaminen versorgen und zu einer gesunden Darmflora beitragen können. Auch für weitere Experimente sind unpasteurisierte Getränke essenziell. Das Fermentieren von Haferflocken wird mit einem gefiltertem Wasserkefir schwerer als mit einem „Rohen". Auch bei der Zweitfermentation von Kombuchas und Wasserkefirs spielen Mikroben eine unerlässliche Rolle, indem sie die Getränke spritzig sprudelig machen und ein herrliches Aroma verleihen.

MORGENS HALB SIEBEN THE PASS IN BYRON BAY. NACH EINER HERRLICHEN SURF-SESSION GIBT ES FRISCHEN KAFFEE UND KOMBUCHA.

KOMBUCHA

WUNDERKULTUR

KOMBUCHA

FERMENTATION	TEMPERATUR	ZUBEREITUNG	SCHWEREGRAD
10-14 TAGE	22-24 C	40 MINUTEN	10 / 4

ZUTATEN

SCOBY	1	Stk
Starter-Flüssigkeit	1	Stk
Grüntee	25	g
Rohrzucker	200	g
Wasser	2,5	l

EQUIPMENT

Kochtopf	1	Stk
Einmachglas (2,5 l)	1	Stk
Zellstofftuch	1	Stk
Feines Sieb	1	Stk
Glasflaschen (0,5 l)	4-5	Stk

Bereite ein sauberes Einmachglas, einen Holzlöffel und ein Zellstofftuch vor. Befülle einen Topf mit Wasser.

ANLEITUNG

SCHRITT 1
Koche das Wasser in einem Topf auf. Sobald das Wasser kocht, füge den Tee und den Rohrzucker unter Rühren hinzu. Lass den Tee auf Zimmertemperatur herunterkühlen und schöpfe die Teeblätter ab. Gieße die Flüssigkeit in ein großes sauberes Einmachglas.

SCHRITT 2
Injiziere den abgekühlten Tee mit der Starterflüssigkeit und lege den SCOBY mit sauberen Händen in das Teegemisch. Der SCOBY wird entweder absinken oder aufsteigen. Decke die Öffnung des Gefäßes mithilfe eines Zellstofftuchs und Gummibandes ab.

SCHRITT 3
Stelle den Kombucha an einen warmen Ort. Lass ihn dort für 10 bis 14 Tage fermentieren. Je länger das Getränk gärt, desto säuerlicher schmeckt er. Nach der Gärzeit sollte sich ein neuer SCOBY an der Oberfläche gebildet haben. Entferne die Kombucha-Kultur aus dem Getränk und lege sie mit ca. 10 % des fertigen Kombuchas (dies ist die Starterflüssigkeit für den nächsten Kombucha) in ein sauberes Gefäß. Starte das Experiment von Neuem.

SCHRITT 4
Fülle den fertigen Kombucha in saubere Glasflaschen. Benutze zum Abfüllen ein feines Sieb, um grobe Hefenstränge herauszufiltern. Stelle das Getränk in den Kühlschrank und genieße es gekühlt. Für mehr Kohlensäure lass den Kombucha verschlossen weitere 2 bis 3 Tage an einem warmen dunklen Ort stehen. Die Hefen arbeiten ohne Sauerstoff weiter und spalten den Restzucker auf. Das Ergebnis ist ein sprudeliges Getränk.

SCHRITT 5
In dieser Phase kann man dem Kombucha unterschiedliche Aromen und Geschmäcker beifügen. Dazu gibt man frische Früchte, Kräuter oder Gewürze hinzu. Leckere Rezepte befinden sich auf den folgenden Seiten. Öffne die Deckel regelmäßig, um den Flaschendruck abzulassen. Siebe den Kombucha nach der zweiten Fermentation ab und stelle ihn in den Kühlschrank. Genieße ihn gekühlt.

ES BEGANN MIT EINER KLEINEN KULTUR IN EINEM BERNSTEINFARBENEN ANSATZ.

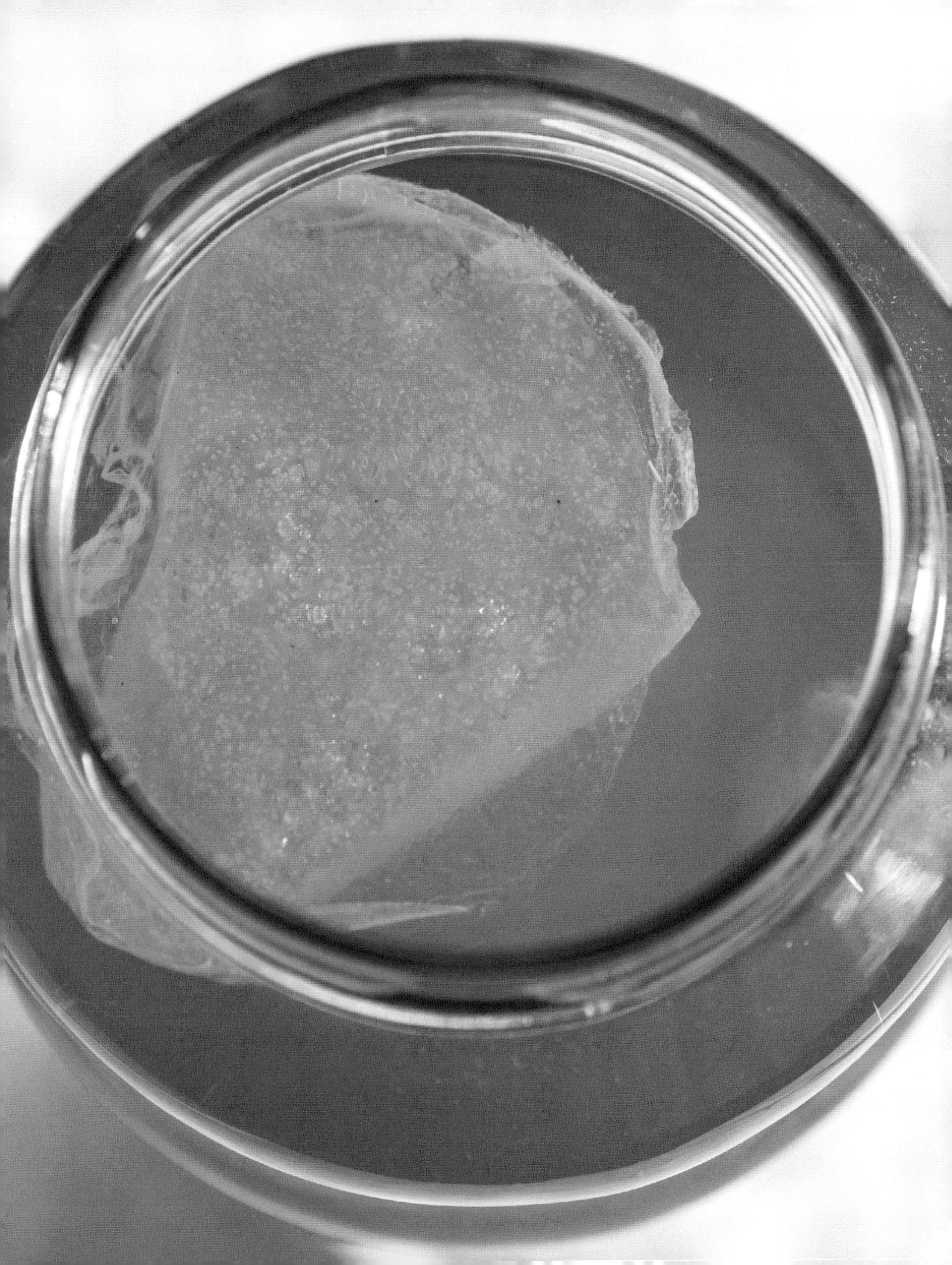

KOMBUCHA

GUT ZU WISSEN

Achte darauf, dass der Kombucha nicht in Berührung mit Metall kommt. Die Säure, die vom SCOBY gebildet wird, kann mit dem Metall chemisch reagieren. Es ist besser noch einmal von vorne zu beginnen, falls der Ansatz faulig riecht. Gekühlt gelagert, sollte das Getränk innerhalb der nächsten 2 Wochen getrunken werden. Im Kühlschrank verlangsamt sich die Gärung, sie wird aber nicht gestoppt. Öffne die Flaschen ab und zu, um den Druck in den Flaschen abzulassen.

SCOBY HOTEL

Bedecke den SCOBY komplett mit Kombuchaflüssigkeit und lagere ihn im Kühlschrank. Dort ist er fast unendlich lange haltbar. Je länger der SCOBY im „Winterschlaf" ist, desto länger dauert der erste Brauvorgang. Entferne ab und zu die Hefen auf der Kultur (braune Stellen), da es ansonsten zu Disbalancen zwischen den Hefen und Bakterien kommen kann. Falls mehrere SCOBYs gelagert werden, sollten diese regelmäßig rotiert werden, um Sauerstoff verfügbar zu halten.

PROBIERE ES MAL

Was mache ich mit all den SCOBYs? Über die Zeit können sich einige Kombucha-Kulturen ansammeln, sodass ein SCOBY-Hotel auch mal voll und ausgebucht sein kann. Bevor die überschüssigen Kulturen in die Mülltonne wandern, kann man sie in ein tolles Beauty-Produkt verwandeln. Gesichtsmasken. Warum man es ausprobieren sollte? Kombucha-Masken unterstützen die Durchblutung und fördern das Bilden einer gesunden, weichen Haut. Man erspart sich den Kauf von rezeptfreien Schönheitsprodukten. Mit dem eigenen SCOBY verwendet man ein kostengünstiges Produkt, von dem man weiß, dass es noch nicht an Tieren getestet wurde. Hier eine Anleitung:

Gib den SCOBY und ausreichend Kombucha in einen Mixer (ca. 100 ml bis 150 ml, abhängig von der Größe der Kultur) und püriere beides zu einer glatten Paste. Optional kann ein wenig Mandelöl als Bindemittel verwendet werden. Wenn die Konsistenz ein wenig klumpig ist, ist das okay. Trage die Paste auf das Gesicht. Lass sie 10 bis 15 Minuten im Gesicht einwirken. Anschließend abwaschen. Wer mag, kann zusätzlich Aloe Vera, Vitamin E-Öl und ätherisch Öle hinzufügen, um zusätzliche Vorteile zu erzielen. Man kann solange experimentieren, bis man das eigene Lieblingsrezept gefunden hat.

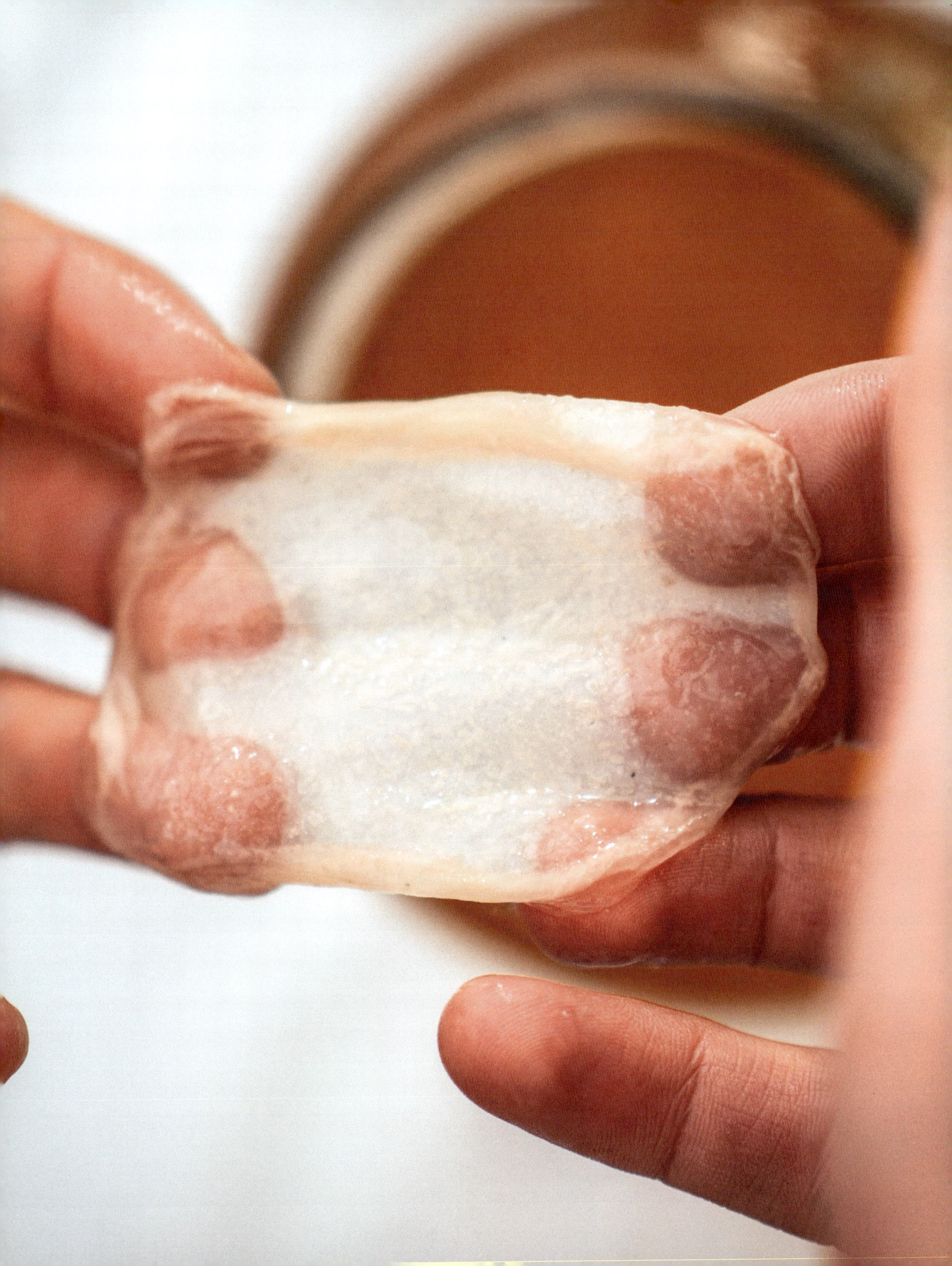

KOCHEN MIT KOMBUCHA

MULTITALENT

Als ich mit dem Herstellen von Kombucha begann, war mir nicht einmal bewusst, dass man das prickelnd frische Getränk auch zum Kochen verwenden kann. Für mich war es einfach ein leckeres Erfrischungsgetränk nach einer langen Surfsession. Mit der Zeit stieß ich auf immer mehr Rezepte, wie man andere Speisen mit Kombucha noch interessanter machen kann. Das Spiel aus Süße und Säure bietet uns unendlich viele Möglichkeiten spannende Gerichte zu kreieren. Lässt man einen Kombucha bewusst länger gären, wird die Säure zunehmend dominanter und Essignoten machen sich breit. Diese Säure kann man hervorragend als Emulgator für Salat-Dressings oder als Weißweinsubstitution beim Kochen verwenden. Letztens habe ich sogar ein Ceviche-Rezept mit Kombucha entdeckt. Oder ein Spargel-Kombucha-Risotto. Wie das wohl schmeckt? Es steht definitiv auf meiner To-Do-Liste. Wird einem die Säure zu dominant, kann man einfach mit etwas Süße ausbalancieren. Beim Pochieren von Äpfeln oder Birnen macht sich die leichte (oder stärkere) Säure besonders gut, indem sie wunderbar mit der Süße der Früchte harmoniert. Ausgeschmückt werden kann das Ganze mit herrlichen Gewürzen und Kräutern. Kombucha ist nicht nur einfach ein Erfrischungsgetränk. Kombucha ist mehr, ein wahres Multitalent! Man muss nur ein wenig ausprobieren und schon öffnen sich neue Möglichkeiten in neue Geschmackswelten.

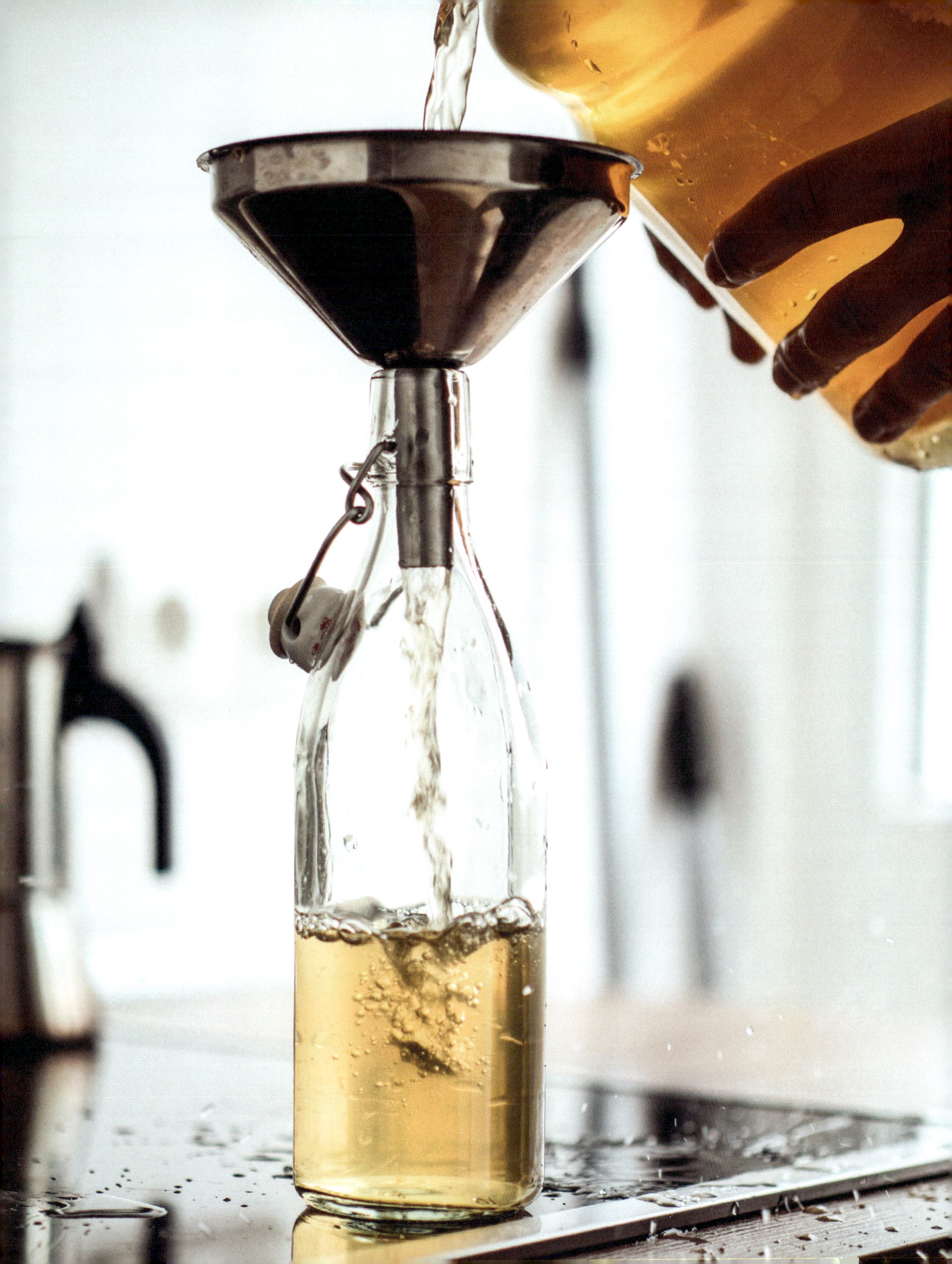

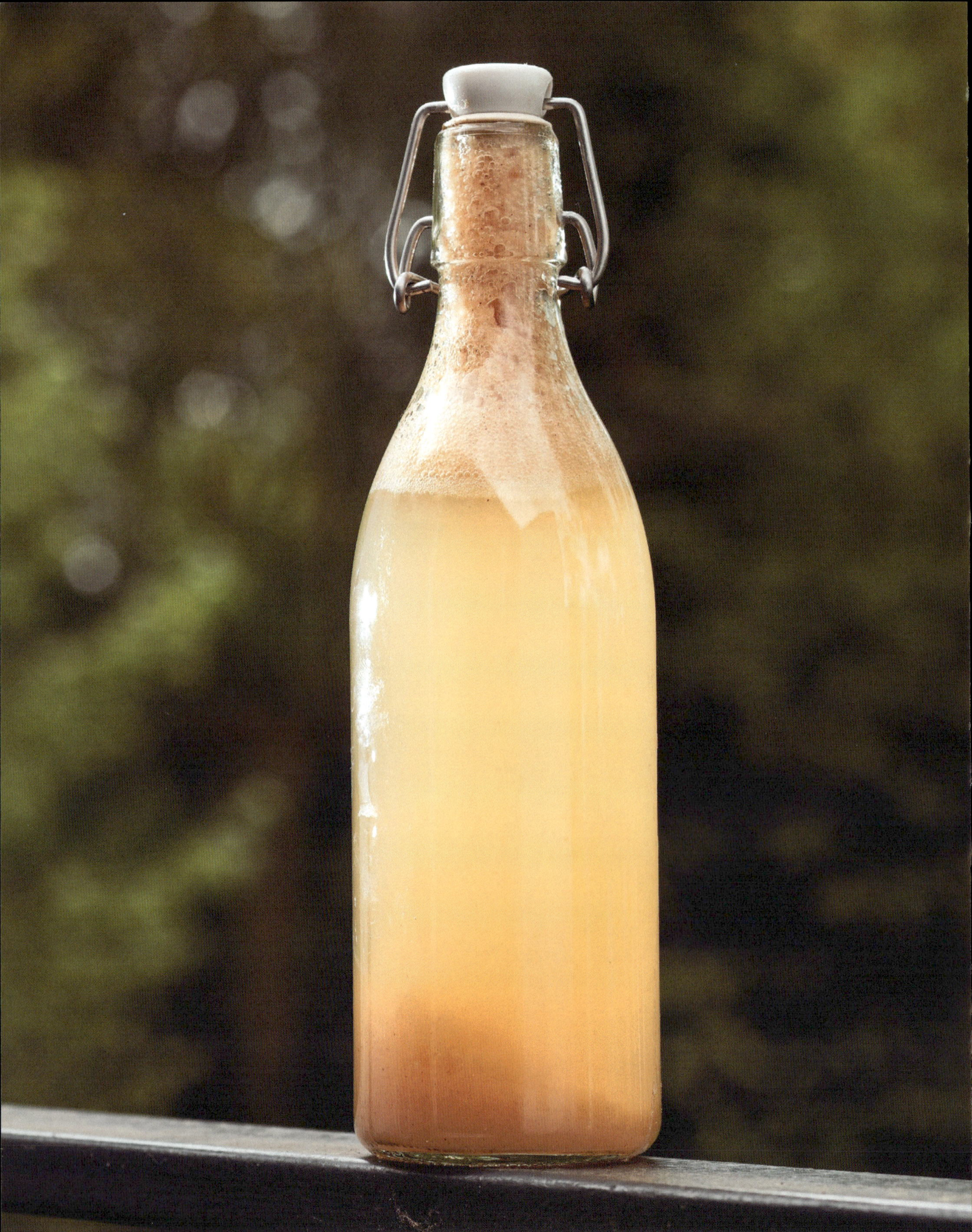

BANANABREAD KOMBUCHA
MIT ZIMT UND KARDAMOM

FERMENTATION
2-3 TAGE

TEMPERATUR
22-24 C

ZUBEREITUNG
15 MINUTEN

SCHWEREGRAD
10 / 3

ZUTATEN

Banane, reif	60	g
Rohrzucker	1	EL
Zimt	1	TL
Kardamom	1/2	TL
Fertiger Kombucha	850	ml

EQUIPMENT

Standmixer	1	Stk
Glasflaschen (0,5 l)	2	Stk
Küchensieb	1	Stk

Bereite das nötige Equipment vor und stelle alle Zutaten bereit.

ANLEITUNG

SCHRITT 1

Gib die reife Banane, ca. 50 ml vom Kombucha, den Rohrzucker und alle Gewürze in einen Standmixer und püriere alles zu einer glatten Masse. Verteile sie gleichmäßig auf zwei Flaschen und gib den Rest des Kombuchas hinzu (jeweils 0,4 l).

SCHRITT 2

Verschließe die Glasflaschen luftdicht und lass immer ein wenig Raum zwischen Deckel und Flüssigkeit. Fermentiere das Getränk für 2 bis 3 Tage an einem warmen Ort. Öffne den Deckel (vorsichtig) mindestens einmal am Tag, um den Flaschendruck abzulassen.

SCHRITT 3

Siebe den Kombucha nach Beendigung der Fermentationszeit durch ein feines Sieb ab und gib ihn zurück in saubere Flaschen. Stelle das Getränk anschließend in den Kühlschrank. Der Bananbread-Kombucha sollte innerhalb von 1 bis 2 Wochen kühl gelagert verbraucht werden oder man verwendet ihn für eines der Rezepte mit Kombucha weiter. Kontrolliere regelmäßig den Flaschendruck, da das Getränk weitergärt.

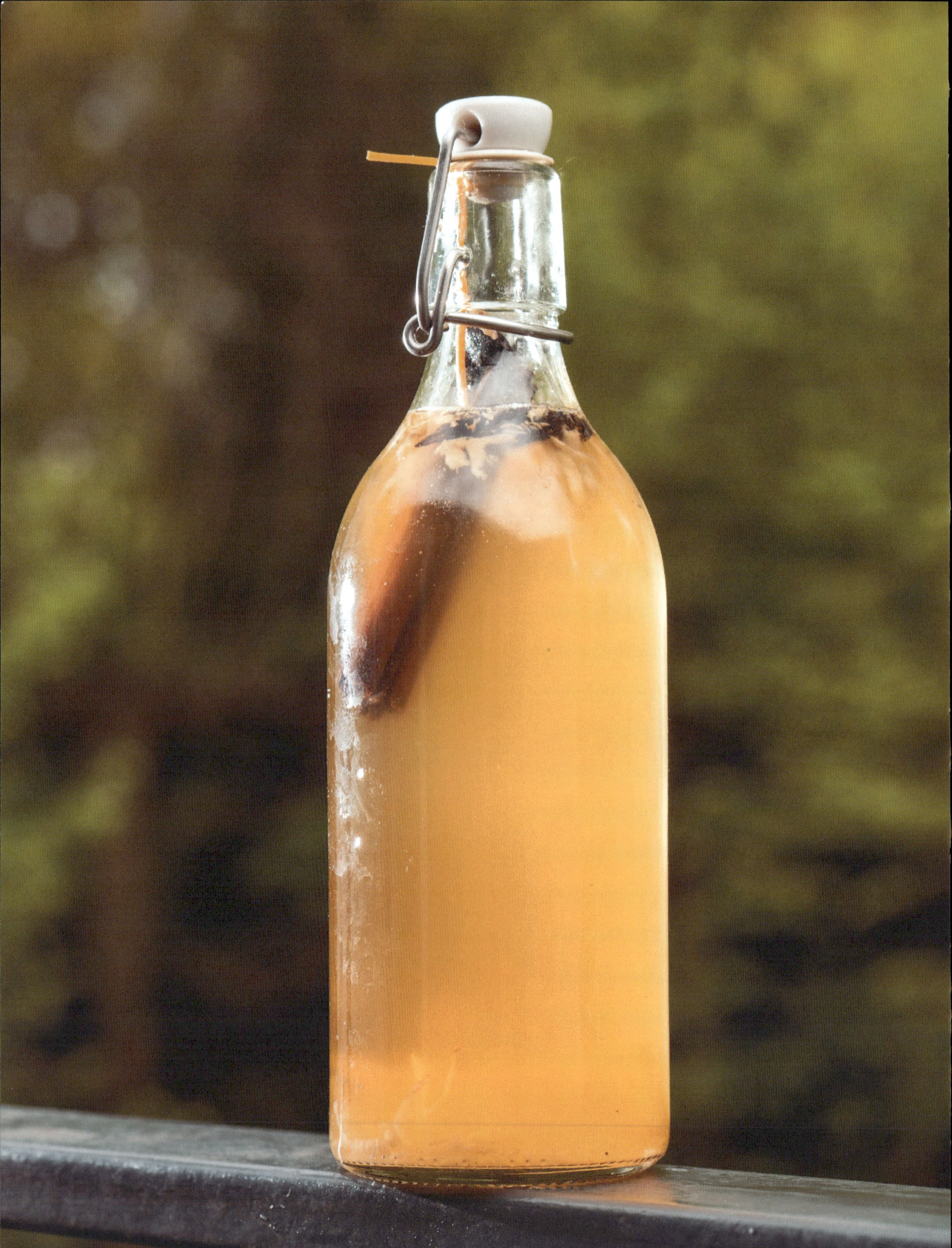

CHAI SPICE KOMBUCHA MIT INGWER UND VANILLE

FERMENTATION
2-3 TAGE

TEMPERATUR
22-24 C

ZUBEREITUNG
15 MINUTEN

SCHWEREGRAD
10 / 3

ZUTATEN

Ingwer (3-4 cm Stück)	1	Stk
Rohrzucker	2	EL
Vanilleextrakt	2	TL
Zimtstangen	2	Stk
Nelken	2	Stk
Sternanis	1	Stk
Kardamomkapseln	2	Stk
Fertiger Kombucha	850	ml

EQUIPMENT

Gemüsereibe	1	Stk
Kleine Schüssel	1	Stk
Trichter	1	Stk
Glasflaschen (0,5 l)	2	Stk
Küchensieb	1	Stk

Bereite eine Gemüsereibe, eine Schüssel und zwei Glasflaschen vor. Entferne die Schale vom Ingwer.

ANLEITUNG

SCHRITT 1
Reibe zuerst den Ingwer und verteile ihn mit den Gewürzen gleichmäßig auf beide Flaschen (breche die Gewürze gegebenenfalls). Gib ca. 100 ml Kombucha in eine kleine Schüssel und löse den Rohrzucker und das Vanilleextrakt durch Rühren auf.

SCHRITT 2
Verteile jeweils 50 ml vom Zucker-Kombucha-Gemisch auf beide Flaschen und gieße den restlichen Kombucha gleichmäßig nach. Ein Trichter hilft beim Befüllen der Flaschen. Verschließe die Deckel und lass immer ein wenig Luft zwischen Deckel und Flüssigkeit.

SCHRITT 3
Lass den Kombucha an einem warmen dunklen Ort ca. 2 bis 3 Tage fermentieren, bis der gewünschte Geschmack erreicht ist. Öffne den Verschluss einmal am Tag, um den Flaschendruck abzulassen. Bei zu großem Druck können die Flaschen platzen. Siebe den Kombucha nach Ende der Fermentationszeit durch ein feines Sieb ab und gib ihn zurück in saubere Flaschen. Lagere den Kombucha im Kühlschrank. Verbrauche den ihn innerhalb von 1 bis 2 Wochen oder verwende ihn für eines der Rezepte mit Kombucha in diesem Buch.

WASSERKEFIR

ENERGIEBÜNDEL

WASSERKEFIR

FERMENTATION
2-3 TAGE

TEMPERATUR
22-24 C

ZUBEREITUNG
20 MINUTEN

SCHWEREGRAD
10 / 4

ZUTATEN

Wasser	1	l
Zucker	80	g
Kefir-Kristalle	30	g
Rosinen	20	g
Zitronenscheiben	2	Stk

EQUIPMENT

Holzlöffel	1	Stk
Einmachglas (1 l)	1	Stk
Zellstofftuch	1	Stk
Feines Sieb	1	Stk
Glasflaschen (0,5 l)	2	Stk

Bereite warmes Wasser, ein sauberes Einmachglas, einen Holzlöffel und ein Zellstofftuch vor.

ANLEITUNG

SCHRITT 1

Vermenge das Wasser und den Zucker. Benutze einen Löffel, um den Zucker durch Rühren aufzulösen. Fülle das Zucker-Wasser in ein Einmachglas. Spüle die Kefir-Kristalle in einem Sieb unter kaltem Wasser ab und gib sie zum abgekühlten Zucker-Wasser. Füge anschließend Trockenfrüchte und Zitronenscheiben hinzu.

SCHRITT 2

Decke die Öffnung des Gefäßes mit einem Zellstofftuchs ab. Zum Fixieren verwende ein Gummiband und lass das Getränk an einem warmen Ort für 2 bis 3 Tage fermentieren. Je nach Belieben kann man den Kefir länger oder kürzer gären lassen. Eine längere Gärzeit macht das Getränk säuerlicher und weniger süß.

SCHRITT 3

Zum Verwenden, die Kefir-Kristalle abschöpfen und die Trockenfrüchte sowie die Zitronen entfernen. Beim Brauvorgang vermehren sich die Kefir-Kristalle. Anders als beim Kombucha, wird für die nächste Herstellung keine Starterflüssigkeit benötigt. Fülle das Getränk in saubere Flaschen ab. Für mehr Kohlensäure, fermentiere den fertigen Wasserkefir ein zweites Mal.

SCHRITT 4

Halte das Getränk weitere 1 bis 2 Tage verschlossen an einem warmen und dunklen Ort. Die Hefen und Bakterien ernähren sich vom Restzucker und produzieren ein sprudeliges Getränk. Verleih dem Wasserkefir einen interessanten Geschmack und füge unterschiedliche Früchte, Kräuter oder Gewürze hinzu. Leckere Rezepte befinden sich auf den folgenden Seiten.

SCHRITT 5

Kontrolliere regelmäßig den Flaschendruck, denn bei zu großem Druck können die Flaschen sogar explodieren. Stelle das Getränk nach Ende der zweiten Fermentation in den Kühlschrank. Dort gelagert sollte es innerhalb der nächsten Woche gekühlt getrunken werden.

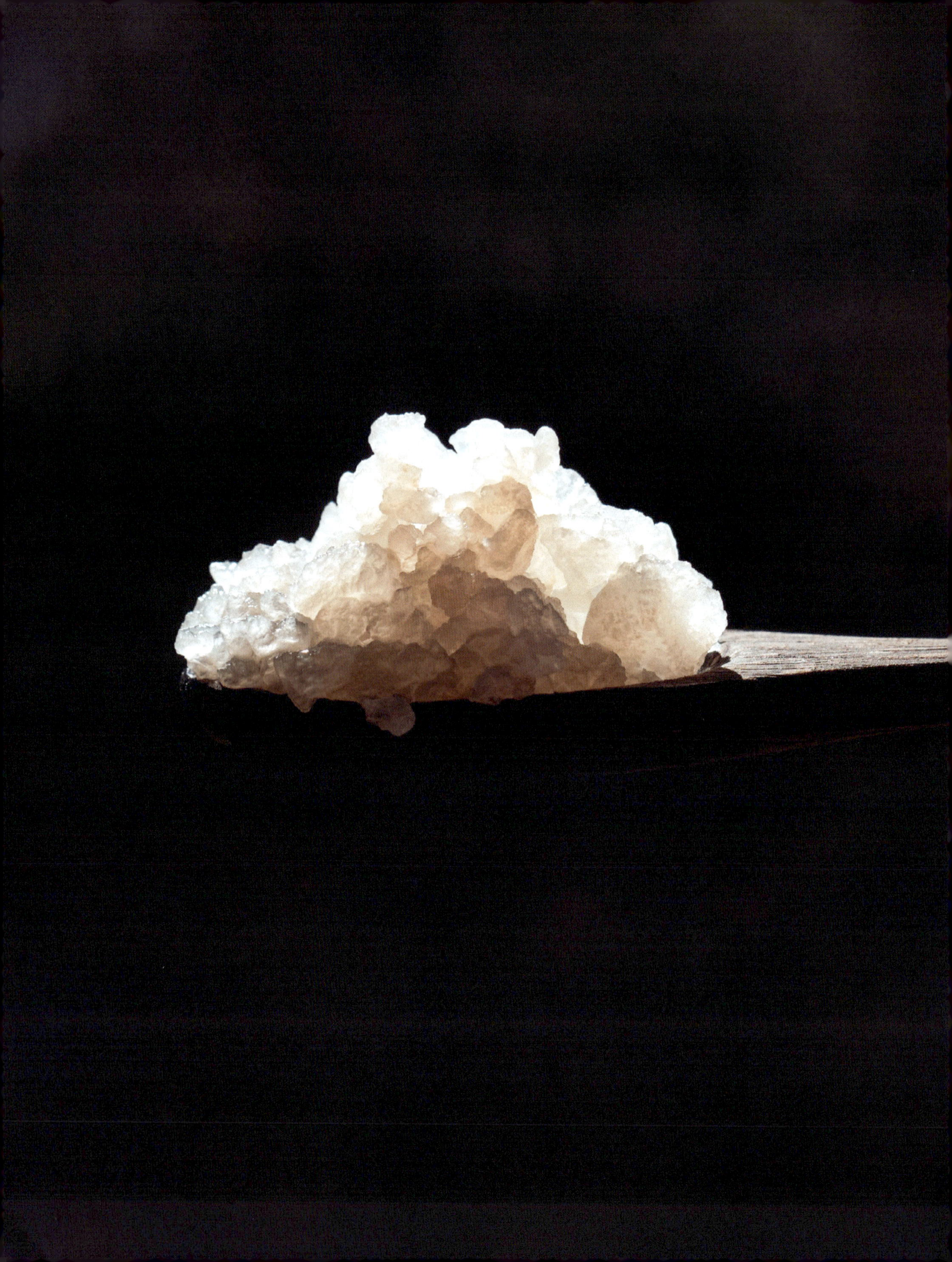

WASSERKEFIR

GUT ZU WISSEN

Das gesamte Equipment sollte sauber sein. Achte darauf, dass die Kristalle nicht in Berührung mit Metall kommen. Wenn das Getränk muffig riecht, starte das Experiment von Neuem. Durch die Kühlung wird die Gärung verlangsamt aber nicht gestoppt. Öffne die Flaschen ab und zu, um den Druck in der Flasche abzulassen. Ich empfehle, sich beim Brauvorgang an das Rezept zu halten, da sich bei zu viel Kristallen die Kulturen gegenseitig im Wachstum behindern.

AUFBEWAHRUNG

Die Kristalle fühlen sich in einem Ansatz mit ausreichend Nahrung und Feuchtigkeit am wohlsten. Bewahre die Kefir-Kristalle verschlossen in einer Flüssigkeit mit der 2 bis 3-fachen Menge an Zucker und Trockenfrüchten auf. Dadurch bleiben die Kristalle aktiv und lebendig. Die Kristalle kommen gekühlt ca. 3 Wochen ohne Pflege aus. Je länger die Kristalle kühl lagern, desto länger dauert der anschließende Brauvorgang. Zum Verwenden die Ansatzflüssigkeit und Früchte entsorgen.

PROBIERE ES MAL

Falls sich noch ein wenig fertiger Wasserkefir in der Flasche befindet, man nicht mehr weiß wohin damit und gerade zufällig frisch gebrühter Kaffee herumsteht, kombiniere beides! Das Ergebnis ist ein wirklich außergewöhnliches Geschmackserlebnis, das jeder Kefir-Fan einmal ausprobiert haben sollte. Es bedarf nur ein Minimum an Aufwand und es schmeckt hervorragend!

Für einen halben Liter Kaffee-Kefir, löse 35 g Rohrzucker in 400 ml noch warmen Kaffee auf. Lass den Kaffee auf Raumtemperatur abkühlen und injiziere ihn mit dem fertigen Wasserkefir (ca. 100 ml). Gib die Flüssigkeit in eine Glasflasche und lass sie luftdicht verschlossen für 2 bis 3 Tage bei Raumtemperatur fermentieren. Je länger die Fermentation dauert, desto mehr Kohlensäure bildet sich. Deshalb sollte nach einem Tag regelmäßig der Flaschendruck kontrolliert werden. Der fertige Kaffee-Kefir schmeckt pur, aber am besten gekühlt auf Eis. Vielleicht mit ein wenig Milchschaum? Durch sein besonderes Aroma und die Röstaromen des Kaffees ist er hervorragend in Desserts und Süßspeisen. Probiere ein Tiramisu mit Kaffee-Kefir oder stelle einen Kaffee-Kefirsirup her. Gib den Sirup über Vanilleeis oder verwende ihn zur Granola-Herstellung. Es gibt unendliche Möglichkeiten, die nur darauf warten ausprobiert und entdeckt zu werden.

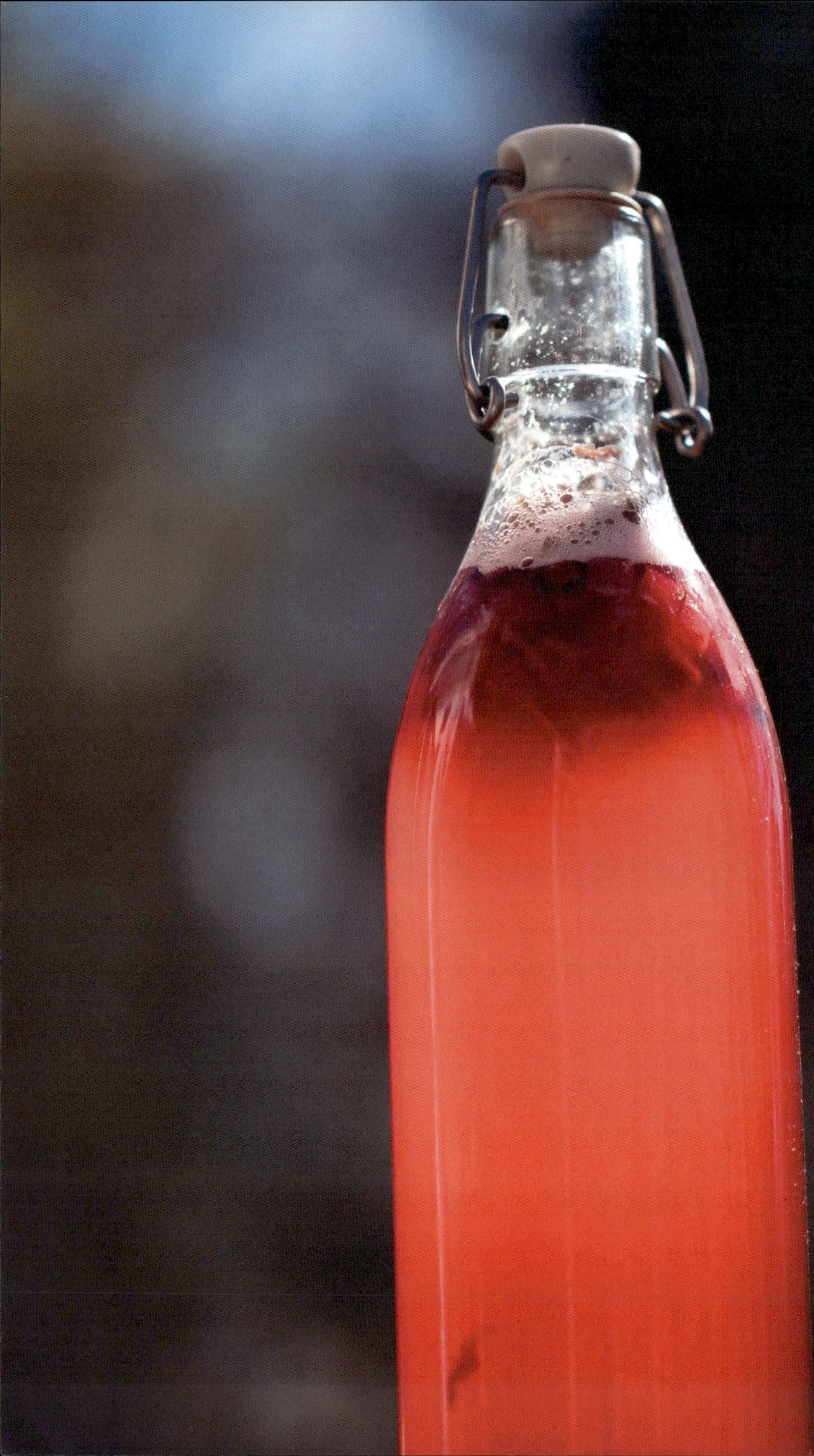

ROTE BEETE KEFIR MIT SALBEI

FERMENTATION
1-2 TAGE

TEMPERATUR
22-24 C

ZUBEREITUNG
15 MINUTEN

SCHWEREGRAD
10 / 3

ZUTATEN

Rote Beete Saft	100 ml
Rote Beete, gekocht	80 g
Salbeiblätter	8 Stk
Fertiger Wasserkefir	800 ml

EQUIPMENT

Glasflaschen (0,5 l)	2 Stk
Trichter	1 Stk
Küchensieb	1 Stk

Stelle die Vakuumverpackung mit der Roten Beete und eine Schüssel zum Auffangen des Saftes bereit.

ANLEITUNG

SCHRITT 1

Beim Öffnen der Vakuumverpackung der Roten Beete, fange etwas von dem Saft auf. Hacke die Salbeiblätter sehr fein und schneide die Rote Beete in kleine Würfel. Verteile alle Zutaten gleichmäßig auf beide Flaschen. Gieße mit dem fertigen Wasserkefir auf.

SCHRITT 2

Verschließe den Verschluss der Flaschen und lass den Kefir 1 bis 2 Tage an einem warmen Ort fermentieren. Öffne den Bügelverschluss mindestens einmal am Tag, um den Flaschendruck abzulassen. Bei einem zu starken Druck können die Flaschen platzen.

SCHRITT 3

Passiere den Wasserkefir nach Ende der Fermentationszeit durch ein feines Sieb und gib ihn zurück in saubere Flaschen. Beim Umfüllen hilft ein Trichter. Lagere den Wasserkefir anschließend im Kühlschrank. Dort ist er ca. 2 Wochen haltbar, fermentiert aber langsam weiter. Deshalb sollte nach wie vor der Flaschendruck kontrolliert werden. Am besten schmeckt das Getränk in den ersten paar Tagen.

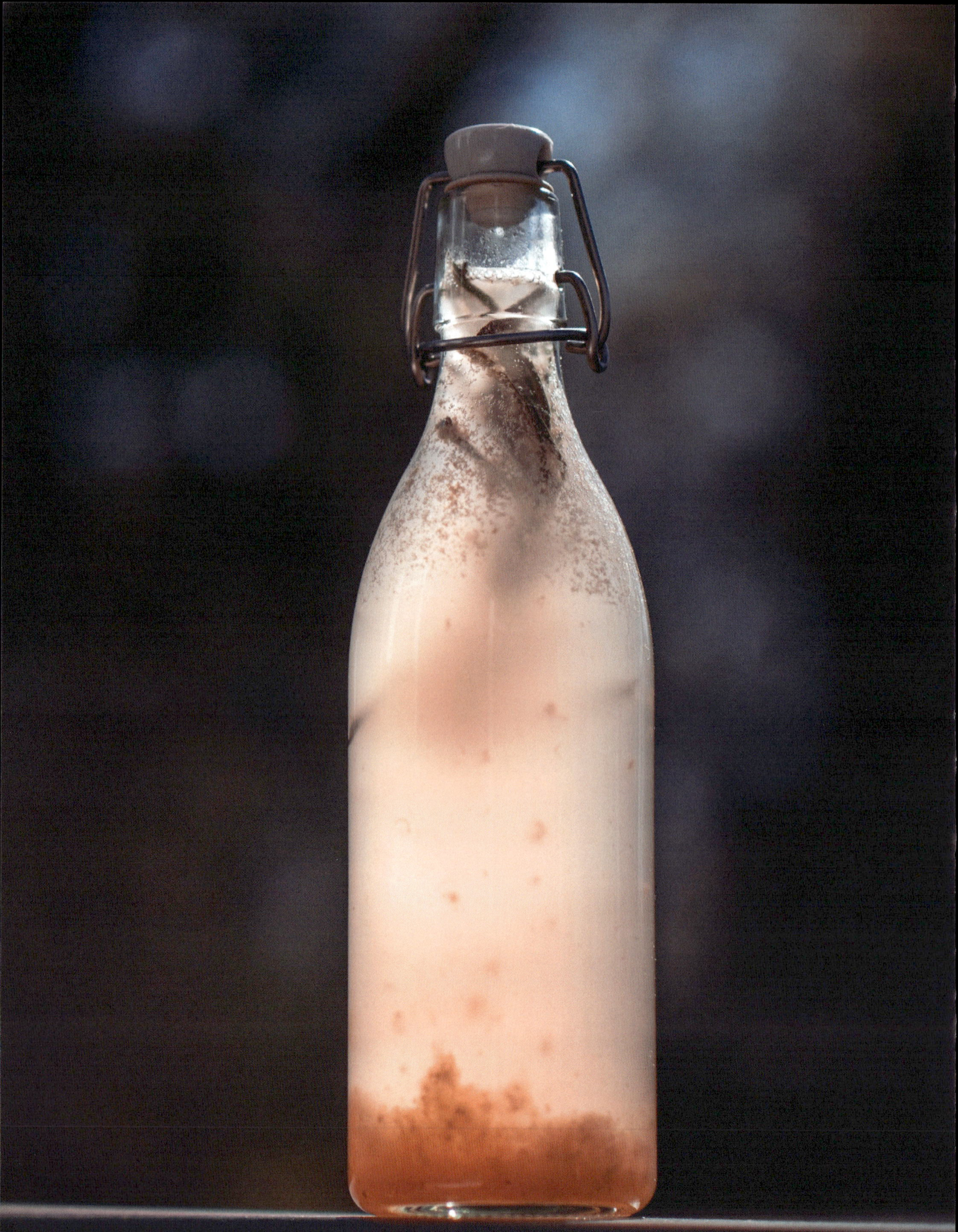

PFIRSICH KEFIR MIT LAVENDEL

FERMENTATION
1-2 TAGE

TEMPERATUR
22-24 C

ZUBEREITUNG
25 MINUTEN

SCHWEREGRAD
10 / 3

ZUTATEN

Pfirsich, reif	4	Stk
Zucker	50	g
Wasser	400	ml
Spritzer Zitrone	1	Stk
Lavendelzweig	2	Stk
Fertiger Wasserkefir	800	ml

EQUIPMENT

Kochtopf	1	Stk
Standmixer	1	Stk
Passiertuch	1	Stk
Trichter	1	Stk
Glasflaschen (0,5 l)	2	Stk

Stelle einen Kochtopf bereit und wasche die Pfirsiche unter fließendem kaltem Wasser.

ANLEITUNG

SCHRITT 1

Bereite zuerst den Pfirsich-Sirup zu. Entkerne und viertel dazu 4 reife Pfirsiche. Gib die Früchte mit dem Zucker, Wasser und einem Spritzer Zitrone in einen Topf. Bring alles zum kochen und gare die Pfirsiche solange, bis sie weich sind. Püriere die weichen Pfirsiche mit Flüssigkeit in einem Standmixer und gib das Püree in ein sauberes Passiertuch. Drücke das Passiertuch aus (vorsichtig heiß), sodass ein dickflüssiger Sirup austritt.

SCHRITT 2

Lass den Pfirsich-Sirup abkühlen und fülle den Wasserkefir gleichmäßig in beide Flaschen. Ein Trichter hilft dabei. Gib jeweils einen Lavendelzweig und ca. 50 ml Pfirsich-Sirup (oder mehr falls erwünscht) zum Wasserkefir. Verschließe den Bügelverschluss der Flaschen und lass das Getränk 1 bis 2 Tage an einem warmen dunklen Ort fermentieren. Öffne den Bügelverschluss mindestens einmal am Tag, um den Flaschendruck abzulassen.

SCHRITT 3

Siebe den Wasserkefir nach Ende der Fermentationszeit durch ein sehr feines Sieb ab und gib ihn zurück in saubere Flaschen. Lagere den Wasserkefir im Kühlschrank, wo er ca. 2 Wochen haltbar ist. Am besten in den ersten Tagen kühl genießen.

INGWERBUG

WILD UND WÜRZIG

INGWERBUG

FERMENTATION	TEMPERATUR	ZUBEREITUNG	SCHWEREGRAD
5 TAGE	22-24 C	30 MINUTEN	10 / 4

ZUTATEN

ZUM STARTEN

Ingwer, gerieben	30	g
Zucker	10	g
Wasser	400	ml

ZUM FÜTTERN

Ingwer, gerieben	75	g
Zucker	25	g

EQUIPMENT

Gemüsereibe	1	Stk
Topf	1	Stk
Einmachglas (1 l)	1	Stk
Zellstofftuch	1	Stk

Tag 1   Tag 5

Bereite ein Einmachglas, ein Zellstofftuch, einen Kochtopf und eine Gemüsereibe vor.

ANLEITUNG

SCHRITT 1

Schneide oder reibe 30 Gramm Ingwer mit Schale in feine Stücke und stelle es beiseite. Erwärme anschließend das Wasser in einem Topf bei mittlerer Hitze und rühre den Zucker ein bis er sich vollständig aufgelöst hat. Lass das Zuckerwasser auf Raumtemperatur abkühlen.

SCHRITT 2

Fülle das Wasser in ein Einmachglas und gib den geschnittenen oder geriebenen Ingwer hinzu. Bedecke die Öffnung des Gefäßes mit einem Zellstofftuch und befestige es mithilfe eines Gummibandes. Lass die Flüssigkeit für einen Tag an einem dunklen warmen Ort bei Raumtemperatur reifen.

SCHRITT 3

Jeden der folgenden 5 Tage wird der Ingwerbug gefüttert. Gib pro Fütterung 15 g geschnittenen Ingwer und 5 g Zucker in das Gefäß. Benutze einen sauberen Holzlöffel und rühre ein wenig, damit sich der Zucker und der Ingwer gut verteilen. Decke das Gefäß wieder ab und lass den Ingwerbug an einem warmen dunklen Ort weiterfermentieren. Nach ca. 5 Tagen sollten sich Blasen bilden und die Flüssigkeit sollte nach Hefe und Ingwer riechen. Wenn Blasen zu sehen sind, ist der Ingwerbug einsatzbereit. Lagere das Gefäß verschlossen im Kühlschrank oder verwende den Ingwerbug sofort weiter. Leckere Rezepte befinden sich auf den folgenden Seiten.

ES BRAUCHT ZEIT, BIS SICH LEBEN IN
UNSEREN LEBENSMITTELN ENTWICKELT.

INGWERBUG

WILD UND WÜRZIG

Der Ingwerbug ist eine wild-fermentierte Starterkultur, die aus Ingwer und Zuckerwasser hergestellt wird. „Wild-fermentiert" bedeutet, dass man zum Gären keinerlei Starterkultur hinzufügt. Es dauert oft weniger als eine Woche täglicher Fütterung und Pflege, um einen Ingwerbug herzustellen. Wenn man Ingwer, Zucker und Wasser mischt, beginnen sich die wilden Bakterien und Hefen auf dem Ingwer zu vermehren. Diese wilden Mikroorganismen fressen den Zucker und produzieren dadurch Kohlendioxid. Man kann ihn dafür verwenden, um fermentierte, natürlich sprudelnde Erfrischungsgetränke, Limonaden und Tonics herzustellen. Aus still wird lebendig spritzig! Neben den bereits erwähnten Benefits der Milchsäurebakterien und Hefen, bringt der Ingwer zusätzliche Vorteile mit sich. Experten verwenden Ingwer, um die Regulierung des Blutzuckers und die Verdauung zu unterstützen sowie Übelkeit zu lindern.

MACH ES GELB

Abwechslung gefällig? Das gleiche Prozedere lässt sich hervorragend auf die gelbe Kurkumawurzel übertragen.

REINHEITSGEBOT

Ingwer kann bestrahlt sein, was wichtige Mikroben abtötet. Achte deshalb beim Kauf auf eine gute Qualität.

KEINE EILE

Der Ingwerbug kann einfach im Kühlschrank aufbewahrt werden und muss nur einmal pro Woche gefüttert werden.

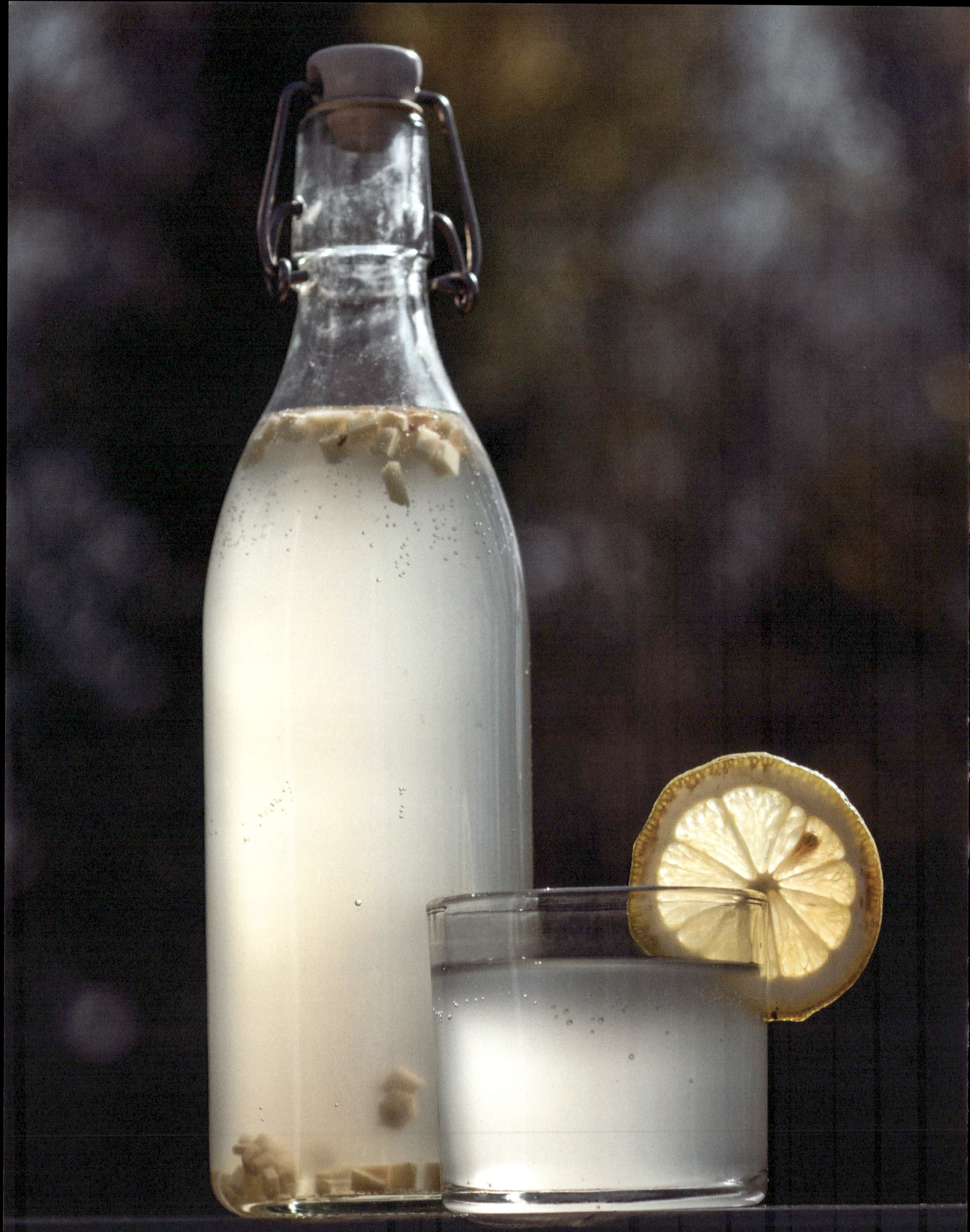

GINGERBEER MIT ZITRONE

FERMENTATION
2-3 TAGE

TEMPERATUR
22-24 C

ZUBEREITUNG
20 MINUTEN

SCHWEREGRAD
10 / 3

ZUTATEN

Fertiger Ingwerbug	4	EL
Ingwer (3-4 cm Stück)	1	Stk
Agavensirup	4	EL
Wasser, kochend	800	ml
Zitronensaft, frisch	150	ml

EQUIPMENT

Glasflaschen (0,5 l)	2	Stk
Trichter	1	Stk
Küchensieb	1	Stk

Bereite das nötige Equipment vor und stelle alle Zutaten bereit.

ANLEITUNG

SCHRITT 1

Gib jeweils 2 EL des abgesiebten Ingwerbugs in die Glasflaschen und stelle sie beiseite. Schäle und reibe den Ingwer und gib ihn mit 4 EL Agavensirup in kochendes Wasser. Nachdem das Ingwerwasser abgekühlt ist, füge frischen Zitronensaft zum Ingwerwasser. Vermenge alles und verteile die Flüssigkeit, abgesiebt, gleichmäßig auf beide Flaschen.

SCHRITT 2

Lass das Gingerbeer für 2 bis 3 Tage an einem warmen dunklen Ort reifen. Damit der Flaschendruck einweichen kann, öffne die Flaschen vorsichtig einmal am Tag. Stell die Flaschen nach Ende der Fermentation in den Kühlschrank. Dort ist es ca. 2 Wochen haltbar. Da das Getränk weitergärt, sollte der Flaschendruck ab und zu kontrolliert werden.

Tipp

Ginger Beer ist eine Institution in der Coctail-Welt. Vor allem der Moscow-Mule ist vielen bekannt. Warum nicht mal etwas Neues ausprobieren? Mixe dazu 200 ml Ginger Beer mit 50 ml Soda, 2 EL Birnen- oder Apfelsaft, 1 EL Zitronensaft und ein paar Eiswürfeln. Garniere den Drink mit Thai-Basilikum. Für die alkoholische Variante probiert man einen „London Buck" mit 4 cl Zitronensaft, 4 cl Gin, 200 ml Ginger Beer und Eis.

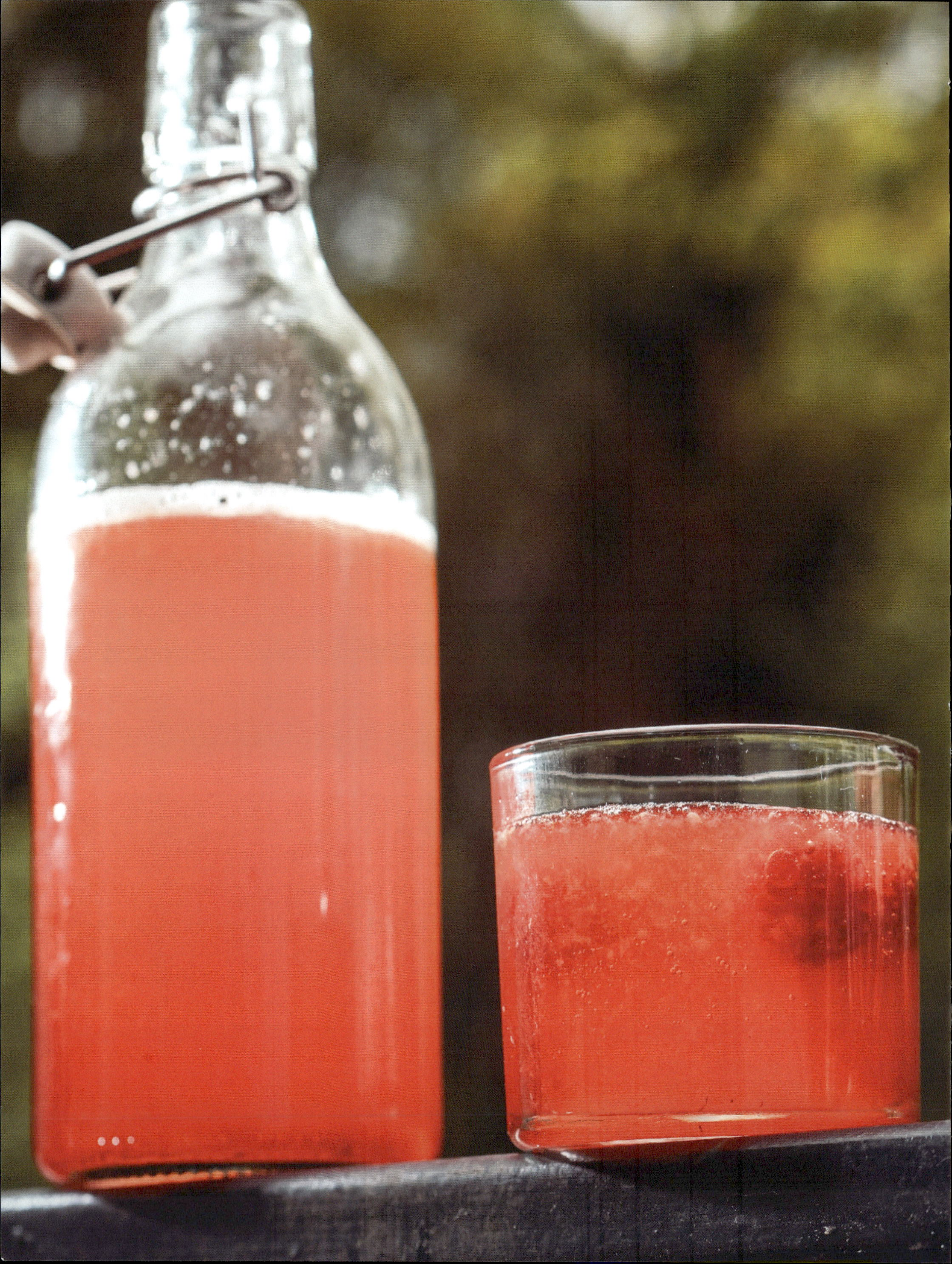

FERMENTIERTES HIMBEERSODA

FERMENTATION
2-3 TAGE

TEMPERATUR
22-24 C

ZUBEREITUNG
25 MINUTEN

SCHWEREGRAD
10 / 3

ZUTATEN

Wasser	800	ml
Himbeeren	200	g
Zucker	4	EL
Fertiger Ingwerbug	4	EL

EQUIPMENT

Kochtopf	1	Stk
Küchensieb	1	Stk
Trichter	1	Stk
Glasflaschen (0,5 l)	2	Stk

Bereite einen Kochtopf vor und stelle alle Zutaten bereit.

ANLEITUNG

SCHRITT 1

Koche das Wasser, die Himbeeren und den Zucker unter Rühren in einem Topf kurz auf. Der Zucker sollte sich vollständig auflösen und die Beeren ihre Farbe an die Flüssigkeit abgeben. Lass das Getränk anschließend auf Raumtemperatur abkühlen.

SCHRITT 2

Siebe das Himbeerwasser ab und entferne die Himbeeren. Die Himbeeren kann man für leckere Smoothies oder in Desserts weiterverarbeiten. Gib den Ingwerbug zum Himbeerwasser und fülle mit einem Trichter beides gleichmäßig verteilt in Glasflaschen.

SCHRITT 3

Verschließe die Deckel luftdicht und lass die Himbeer-Limonade 2 bis 3 Tage bei Raumtemperatur fermentieren. Je nach Umgebungstemperatur geht es schneller oder dauert länger. Wie beim Gingerbeer, überprüfe mindestens einmal täglich den Flaschendruck. Stelle die Flaschen nach der Fermentationszeit in den Kühlschrank. Dort ist die Limonade ca. 2 Wochen haltbar.

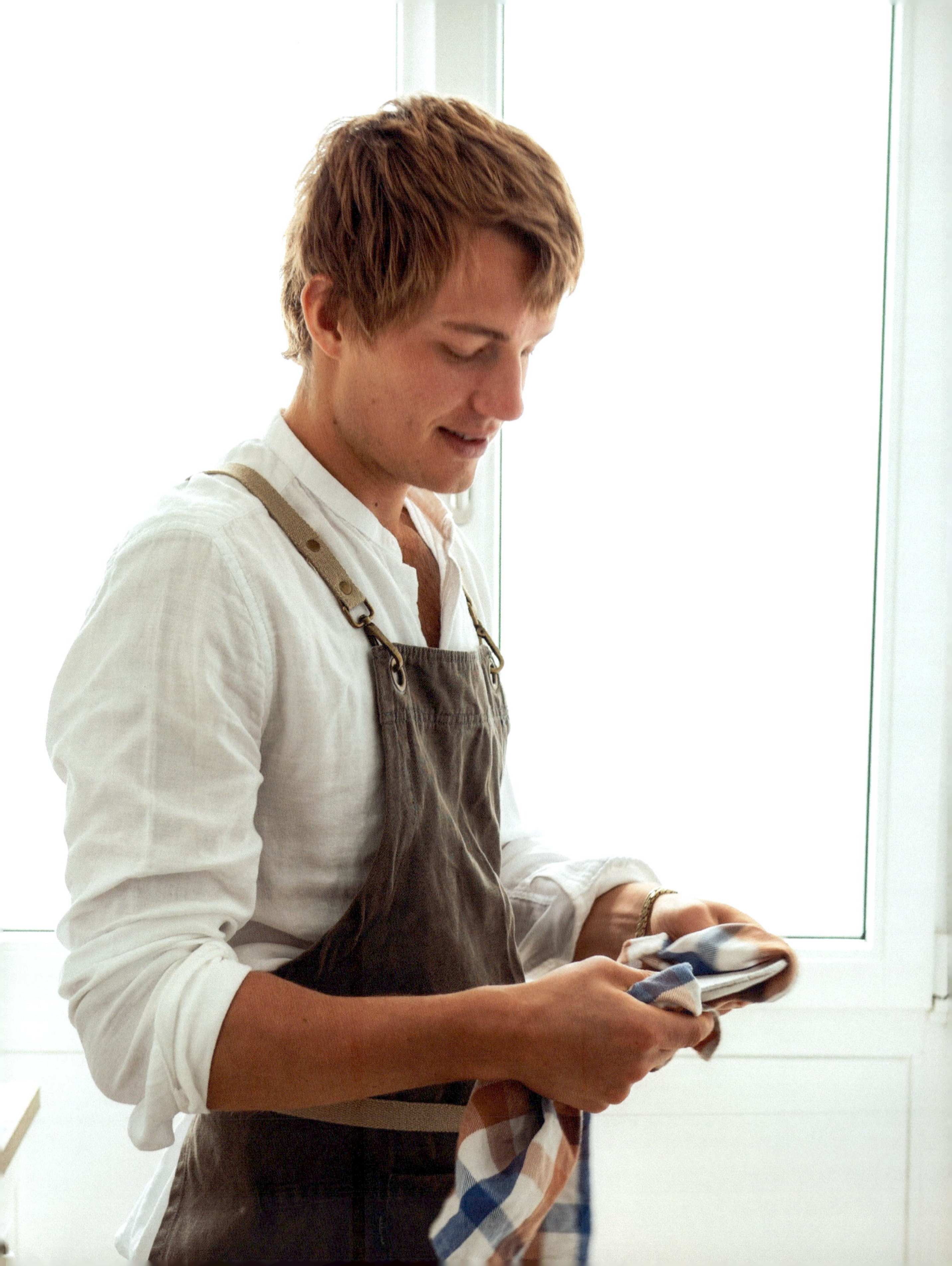

NACHWORT

Ich sitze abends in meinem Zimmer an der Elbe und schreibe die letzten Zeilen dieses Buches. Es ist mittlerweile richtig grün geworden in Hamburg. Die Vögel zwitschern, die Temperaturen steigen und das Leben blüht. Wahnsinn! Vor drei Monaten war ich noch in den Wellen auf Bali mit der spontanen Idee ein Buch über die Fermentation zu schreiben. Es ist viel passiert in der Zwischenzeit. Ganze Gesellschaften haben sich verändert und gewandelt. Kontaktmöglichkeiten waren eingeschränkt und auf das Mindeste begrenzt. In der Stille habe ich die Erfahrung gemacht und die Erkenntnis gewonnen, dass so viel Energie in uns allen Einzelnen steckt. Daraus kann eine wunderbare Welt entstehen, besonders dann, wenn die Bewegungsfreiheit eingeschränkt ist. Wie wäre es, in den eigenen vier Wänden damit zu beginnen? Millionen Mikroben auf 24 qm in einem Fermentationsguide.

Die Idee des Buchs und seine Inhalte stammen aus einer wundervollen Zeit. Einer Zeit voller Natur und kristallklarem Wasser gepaart mit einer Prise Heimat.

Dieses Buch soll zeigen, dass man in jeder Situation Chancen und Gelegenheiten hat. Jeder Mensch hat es selbst in der Hand, was er oder sie daraus macht.

FASZINATION FERMENTATION

Ich danke allen beteiligten Personen. Vor allem danke ich meinen Eltern, die mich während der Erstellung des Buches, ja schon mein gesamtes Leben lang, unterstützt haben. Füreinander da sein, das trifft es gut. Meine Schwester, die mir Inspirationen gibt und und so bewegungsfreudig ist, mit mir die kulinarische Welt von Vietnam zu kosten. Ich danke Christian dem Fotografen und Nils, die offen sind. Offen für neue Ideen und meine Projekte. Zum Schluss danke ich einer Zeit. Einer Zeit? Ja ich bin dankbar für eine Zeit, die ich erleben durfte. Fernab vom großen Heimathafen, Kränen und dicken „Pötten". Alles begann mit einer kleinen Kultur in einer bernsteinfarbenen Flüssigkeit.

Über Rückmeldungen und Feedback freue ich mich sehr. Falls Anregungen oder Fragen bei den Experimenten auftreten, schreibe mir gern auf den sozialen Kanälen. Ich versuche schnellstmöglich zu antworten und Dich auf Deiner Reise der Fermentation zu unterstützen.

Dein Marius

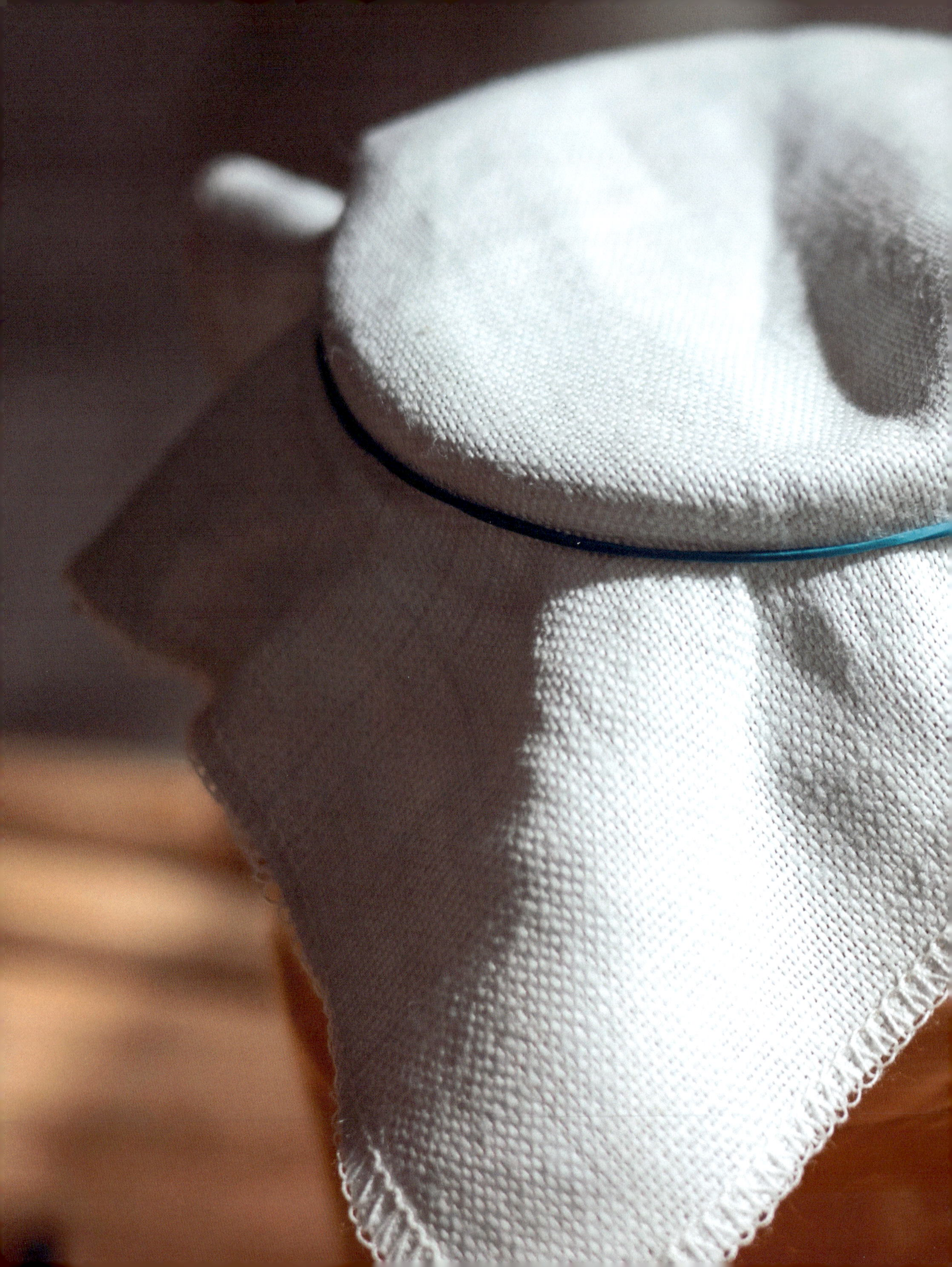

© 2020 Marius Alexander Haeckel
Herausgeber: Marius Alexander Haeckel,
Strehlowweg 56, 22605 Hamburg

Autor: Marius Alexander Haeckel

Fotos: Christian Kalnbach,
Marius Alexander Haeckel

Design: Marius Alexander Haeckel

Korrektorat: Maya Victoria Haeckel

Partner: ManuTeeFaktur Elixir GmbH

Verlag: Selbstverlag

Das Werk, einschließlich seiner Teile, ist urheberrechtlich geschützt. Jede Verwertung ist ohne Zustimmung des Autors unzulässig. Dies gilt insbesondere für die elektronische oder sonstige Vervielfältigung, Übersetzung, Verbreitung und öffentliche Zugänglichmachung.

Bibliografische Information der Deutschen Nationalbibliothek: Die Deutsche Nationalbibliothek verzeichnet diese Publikation in der Deutschen Nationalbibliografie; detaillierte bibliografische Daten sind im Internet über http://dnb.d- nb.de abrufbar.

NOTIZEN

NOTIZEN

Printed in Poland
by Amazon Fulfillment
Poland Sp. z o.o., Wrocław

72162319R00061